黑龙江大学俄语学院 编
总主编 邓军 郝斌 赵为

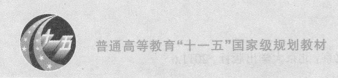
普通高等教育"十一五"国家级规划教材

Русский язык
俄语 ⑧
（全新版）

主编 邓军
副主编 Г. П. Фаустова

北京大学出版社
PEKING UNIVERSITY PRESS

图书在版编目(CIP)数据

俄语(8)(全新版)/ 邓军主编. —北京：北京大学出版社，2011.6
(21世纪大学俄语系列教材)
ISBN 978-7-301-18942-9

Ⅰ.俄… Ⅱ.邓… Ⅲ.俄语—高等学校—教材 Ⅳ.H35

中国版本图书馆 CIP 数据核字(2011)第 099833 号

书　　　名：	俄语(8)(全新版)
著作责任者：	邓　军　主编
责任编辑：	李　哲　张　冰
标准书号：	ISBN 978-7-301-18942-9/H·2839
出版发行：	北京大学出版社
地　　　址：	北京市海淀区成府路 205 号　100871
网　　　址：	http://www.pup.cn
电　　　话：	邮购部 62752015　发行部 62750672　编辑部 62759634　出版部 62754962
电子邮箱：	zbing@pup.pku.edu.cn
印　刷　者：	北京大学印刷厂
经　销　者：	新华书店

787 毫米×1092 毫米　16 开本　6.75 印张　160 千字
2011 年 6 月第 1 版　2011 年 6 月第 1 次印刷

定　　　价： 20.00 元

未经许可，不得以任何方式复制或抄袭本书之部分或全部内容。
版权所有，侵权必究　举报电话：010-62752024
电子邮箱：fd@pup.pku.edu.cn

21世纪大学俄语系列教材

顾问　白春仁　李明滨　张会森

编委会（以汉语拼音为序）
丛亚平　山东大学
刘利民　首都师范大学
苗幽燕　吉林大学
史铁强　北京外国语大学
孙玉华　大连外国语学院
王加兴　南京大学
王铭玉　黑龙江大学
王松亭　解放军外国语学院
王仰正　浙江大学
夏忠宪　北京师范大学
杨　杰　厦门大学
张　冰　北京大学出版社
张　杰　南京师范大学
查晓燕　北京大学
赵　红　西安外国语大学
赵爱国　苏州大学
赵秋野　哈尔滨师范大学
郑体武　上海外国语大学

总 序

  黑龙江大学俄语学院有六十余年的俄语教学历史，在长期的俄语教学实践中形成了一整套独具特色的教学方法，并在此基础上编写出了俄语专业系列教材，被国内多所院校俄语专业的师生所使用。其中《俄语》曾在全国专业俄语和非专业俄语范围内广泛使用，通过这套教材培养出了数以万计的俄语高级人才。

  黑龙江大学俄语教材的编写原则历来是从我国俄语的教学实情出发，兼顾不同起点学生的俄语学习需求。在总结多年教学经验的基础上，本套《俄语（全新版）》依旧采用低起点教学原则，从语音导论开始，到最后篇章修研结束。其编写主线仍以语法为纲，酌情引入不同专题内容。低年级阶段以教学语法为基础，高年级阶段以功能语法为纲，以适合众多俄语专业基础阶段和提高阶段的学生使用。

  本教材参考目前俄罗斯较新教材的编写原则，紧密联系中国国情，结合黑龙江大学多年来的俄语教学实际，注重日常生活交际，突出实用性，保障常用词汇数量，保障典型句式数量。教材内容更贴近生活、更贴近现实，使学生可以通过本套教材的学习了解俄罗斯人的生活习俗、行为方式、思想方法以及人际交流模式。

  教材在编写原则上力求反映出21世纪的俄罗斯风貌及当今时代俄语的最新变化。本教材在充分领会新教学大纲的基础上，以最新的外语教学理论为指导，在编写理念、素材选取、结构设计等方面都力求体现和满足俄语专业最新的教学要求，集多种教学模式和教学手段为一体，顺应社会和时代的发展潮流，突出素质教育思想，注重教授语言知识与培养言语技能的有机结合。

  本教材共分为8册，包括学生用书、教师用书、配套光盘、电子课件等相关配套出版物。其中1至4册为基础阶段用书，5至8册为提高阶段用书。对于非俄语专业学生来说，1至4册的内容足以为其以后阅读专业教材打下良好的基础。5至6册中适量选用了不同专业方向的素材，以有助于不同专业的学生以后的专业资料阅读和把握。而对于以俄语为专业的学生来说，我们认为，除熟练地掌握前6册内容之外，熟悉7至8册的内容对他们未来顺利地工作将不无裨益。

  本套《俄语（全新版）》被教育部批准为普通高等教育"十一五"国家级规划教材。编者在编写过程中得到中俄高校专家教师的大力支持和关注。任课院校教师的反馈意见和建议，使我们的编写工作更有针对性，更能反映教学的需求，我们对此深表谢忱！

邓军 郝斌 赵为
2008年4月

前言

　　《俄语》(全新版)第 8 册适用于本科毕业班学生、研究生和其他有一定基础的俄语爱好者。

　　本册共 10 课,每课包括主课文、注释、练习等内容。本册教材所选取的课文有利于学生在已有的知识基础上深入了解俄罗斯国情以及社会生活、经济、文化等方面的知识。编者在本册教材中突出了连贯话语训练和创造性的言语训练,力求使学习者提高各类言语技能和学习效率。而课后练习体系将为学习者提供一个很好的学习平台,要求学生做一些必要的案头工作,培养其独立工作能力,从而有助于学生发挥学习的主动性和创造性。

　　编者希望广大俄语学习者掌握自主、探索性的学习方法,使自己的俄语水平又上一个台阶。

编　者
2011 年 1 月

УРОК 1 1
   Мир спасет слово 1
   Комментарии 4
   Задания 6

УРОК 2 10
   Столицы России 10
   Текст 1 Москва. Основные сведения 10
   Текст 2 Санкт-Петербург. Основные сведения 13
   Комментарии 15
   Задания 17

УРОК 3 21
   Эти странные русские 21
   Комментарии 30
   Задания 31

УРОК 4 34
   Руководитель и лидер 34
   Комментарии 39
   Задания 40

УРОК 5 44
   Рыночная экономика в России 44
   Текст 1 Сущность и основные черты 44
   Текст 2 Другая жизнь 47
   Текст 3 Золотая клетка 48
   Комментарии 49
   Задания 50

УРОК 6 .... **53**
   25-летние: о чем они переживают 53
   Комментарии 58
   Задания 59

УРОК 7 .... **63**
   Свадьба не может пройти незаметно 63
   Комментарии 66
   Задания 68

УРОК 8 .... **71**
   Не бросайте стариков 71
   Комментарии 75
   Задания 75

УРОК 9 .... **78**
   За стеной 78
   Комментарии 84
   Задания 85

УРОК 10 .... **89**
   Не верьте мифам о ваших эмоциях! 89
   Текст 1 Миф первый 89
   Текст 2 Миф второй 90
   Текст 3 Миф третий 91
   Текст 4 Миф четвертый 92
   Комментарии 95
   Задания 96

УРОК 1

 Мир спасет слово

> Ржавеет золото и истлевает сталь
> Крошится мрамор. К смерти все готово
> Всего прочнее на земле печаль
> И долговечно царственное слово.
>
> А. А. Ахматова

Царственное слово — это, несомненно, не то, что слетает с наших уст в будничной суете, когда мы спешим обменяться необходимыми репликами. Царственное слово является вдохновенному поэту в минуты его творческого взлета и остается на века в сокровищнице художественных образов, запечатленное памятью многих поколений. Этому царственному слову обязана красотой и образностью художественная речь.

Искусству художественного слова нас учат русские писатели.

Такие, как

Бондарев Юрий Васильевич

— Сейчас пишу мало: после глазной операции врач запретил. С нетерпением жду конца моего карантина, и тогда уже серьезно сяду за работу над романом, главная мысль которого — трагическое движение нашего общества. Писать нужно именно о нашей российской реальности XX и XXI веков. Сегодня, по-моему, мы в большинстве своем лишены воображения, а значит — чувства. Современное общество занято исключительно практическими целями, материальными мыслями. Народ развращают.

— **Но это следствие. А в чем причины такого состояния?**

— После того как людьми власть имущими были произнесены сакраментальные слова: плюрализм, демократический либерализм и т. п., настежь распахнулись ворота перед нашими СМИ. И высокое понятие о свободе превратили в непристойную вседозволенность. Слово «любовь» — одно из священных, божественных состояний, которое получило человечество и в которое вложило чистейший, душевный и физический смысл, заменили ветреным и вульгарным — «секс». Распущенность сейчас безгранично господствует и на телевидении, и в театре, литературе. Сколько убийств, тошнотных извращений, аномалий мы видим по телевизору! Идет растление наших детей, беззастенчивое развращение нашего когда-то очень чистого народа. Мои ровесники, вернувшиеся после войны, пройдя все, круги ада, сквозь кровь, пот, потери и нелегкие победы, боялись поцеловать девушку. А ребята-то были смелые, сильные, здоровые, обстрелянные, насквозь пропитанные порохом, не раз встречавшиеся со смертью. Таких сейчас нет. Наше поколение вымерло, остались единицы, к горькому сожалению, оно, наше поколение, вместе с народом принесло на своих плечах общечеловеческую победу и спасло мир. Но человечество не всегда бывает благодарно.

Литература советских времен была в общем искренней литературой. И она воспитала тех ребят, которые в 17 лет пошли на войну, не посрамив землю русскую и любовь к матерям и отцам своим. Нет, мы не были святыми, но в те годы сумели воздействовать на нас большим патриотическим чувством. Мы в атаку с лозунгами не ходили. Мы ходили с несколькими *крутыми, непечатными словами. Мы не были нашпигованы лозунговым официозом*, но были патриотами без пышных определений. Сегодня патриотизм пытаются усиленно скомпрометировать и почти уже скомпрометировали: иные патриоты оказались замешаны в не очень красивых делах, связанных с шуршанием бумажек в руках; эти патриоты с одной стороны баррикад скачком зайца переметнулись на другую.

Невыносимо испортился вкус читателей и, в первую очередь, язык «новой русской» словесности. «Лавина» книг, далеких от серьезной литературы, обморочно обрушилась на читателя. Можно ли было это остановить? Можно. Надо было ввести умную цензуру. Не надо ее бояться. У меня не было напечатано ни одного романа без глаза цензуры. Ночами мы сидели с цензорами, пили кофе, курили и спорили. Я отделывался двумя, тремя фразами, несколькими словами, оставляя тот же смысл. Сейчас же все печатается.

— **Спрос рождает предложение.**

— Беда нашей культуры. Но не думаю, что подобную литературу будут покупать все время. Мои знакомые, серьезные ученые, говорят о катастрофе, которая надвигается на наш мир. *Ванга* предсказала ее в 3000 году, ученые предсказывают гораздо раньше. Но всегда есть надежда. Если мир спасется красотой, по Достоевскому, то в эту красоту в первую очередь войдет красота дивная и волшебная, совершенно несравненная красота лика *Костромской*

Божьей Матери, печальное нежное материнство **Сикстинской Мадонны Рафаэля**, загадочность, улыбка **Моны Лизы Леонардо да Винчи**. Но помимо этого войдет еще и таинство деторождения, которое является чудом из чудес, несмотря на то, что мы знаем о клонировании. И самое главное, в красоту войдет слово, которое вбирает в себя всю радость, всю боль, всю надежду, милосердие, все то, что сделало человека человеком. Но где это космическое слово, которое должно вселить надежду в бессмертие человека и Земли? Мы пока не способны его разгадать. Богатство — это ограбление.

— **Что мешает**?

— Мешает болезнь, которая возникла из-за воздействия чуждого слова на наш народ. Я бы назвал эту болезнь манией богатства. Когда мне кто-нибудь говорит: «Хочу быть миллионером!» — я спрашиваю: «Как»? Ведь всякое богатство, как говорили философы, есть ограбление. Богатыми становятся благодаря тому, что беднеют другие. Деньги нужны в той мере, в которой они могут обеспечить жизнь человека. Но сегодня желание приобрести деньги переросло в страсть. Это очень горько, потому что деньги изменяют, портят людей. Когда у малокультурного человека вдруг появляется куча денег, он не знает, что с ними делать. А если догадывается, как быстро обогатиться, то это всегда приводит к антиморальному, бесчеловечности.

Вот все думают, что только экономика спасет нас. Нет. Это непростительное заблуждение. Спасет культура. Слово. Книги. Журналы. Газеты. Телевидение. Радио. Однако сегодня культура опустилась на опасный низкий уровень. В ней, культуре, много шипов, и особенно болезненно они впиваются, когда спускаешься по ее лестнице вниз на животе.

— **Но если люди не хотят другой культуры, многим нравится сегодняшнее состояние общества. Возвращаться к прошлому, в котором, как вы говорите, и культура и литература были лучше, выше, чище, они не хотят.**

— Это возможно, а потому очень страшно. Если люди довольны сегодняшним уровнем культуры, «кусочком хлеба без масла», это самое угрожающее положение для общества.

В нашей стране чрезвычайно долго был период хаоса. Люди, их жизненные ценности изменились разительно. Ведь во время приватизации каждый думал, что на ваучер он приобретет две «Волги». Никто не стал таким владельцем. За это время ушло не одно поколение. А молодежь всего не знает о нашем прошлом. Как бы ни хмурились на некоторые вещи, которые были в советское время, но мы все получили: бесплатное образование, за маленькую зарплату могли относительно безбедно жить и есть бутерброды с маслом. Вот сейчас пишут: «Не было колбасы». Какой колбасы не было? В магазины надо было ходить, и вы увидели бы колбасы и тамбовские окорока. Вспомните, какое было медицинское обслуживание, какие были детские сады, Дома пионеров, санатории. У 50 процентов населения были отдельные квартиры. И вот я спрашиваю самого себя: а что сейчас делать нашей молодежи? За учебу нужно платить огромные деньги, устроиться на работу — целая проблема. Как им выживать? Но ведь только на молодежь наша надежда. И все–таки смогут ли они вывернуться из всех сложных проблем и активно вступить в движение общества? Кто им поможет? Такого товарищества, чувства локтя среди людей, какое было прежде, нет. Вернуть это сложно: попробуйте разбить яйцо, а потом склеить его. Сумеете? Нет. Но надежда все же остается.

Комментарии

1. **Юрий БОНДАРЕВ** — родился 15 марта 1924 года в Орске Оренбургской обл. Участник войны, младший лейтенант. Окончил Чкаловское артиллерийское училище и Литературный институт. Известность принесли произведения о войне: «Батальоны просят огня», «Последние залпы», «Тишина», «Горячий снег» и др. Герой Социалистичекого. Труда. Награжден орденами Ленина (дважды), Октябрьской Революции, Трудового Красного Знамени, Отечественной войны 2–й степени, «Знак Почета», медалями «За отвагу» (дважды) и др. В 1994 отказался от награждения орденом Дружбы народов в связи с 70–летием, написав в телеграмме Президенту РФ Б. Ельцину: «Сегодня это уже не поможет доброму согласию и дружбе народов нашей великой страны».

2. **Сакраментальный** — священный, заветный; обычный, традиционный; о словах: звучащих как заклинание; сакраментальная книга; сакраментальное начало чего–л.; сакраментальное выражение.

3. **Крутые непечатные слова** — чрезвычайно крайние в проявлении своих свойств, недопустимые в печати, в речевом употреблении и т. п. из–за непристойности, нецензурности.

4. **Мы не были нашпигованы лозунговым официозом** — не были снабжены в изобилии официальной правительственной информацией, т. е. призывами, в краткой форме выражающими руководящую идею, задачи или политические требования.

5. **Ванга** — Вангелия Пандева Гуштерова, урожденная Димитрова (31 января или

УРОК 1

3 октября 1911 — 11 августа 1996) — известная во всем мире болгарская целительница и прорицательница. По заявлениям последователей, Ванга была ясновидящей, обладала способностью определять заболевания людей с большой точностью и предсказывать их дальнейшую судьбу. Способности этой женщины многие считают удивительными и уникальными.

6. **Костромская Божья Матерь** — Феодоровская Костромская **икона Божией Матери** — почитаемая в Русской церкви чудотворной икона Богородицы, хранится в Богоявленском соборе города Костромы. Предание приписывает ее авторство евангелисту Луке, иконография сходна с Владимирской иконой. Почитается как одна из святынь дома Романовых, поскольку предание связывает ее с призванием в 1613 году на царство основателя династии царя Федора Романова.

7. **Сикстинская Мадонна Рафаэля** — «Сикстинская Мадонна» — картина Рафаэля. Находится в Галерее старых мастеров в Дрездене (приобретена в 1754 году). Является одним из известнейших произведений итальянского Ренессанса.

    Полотно было создано Рафаэлем в 1512–1513 годах для алтаря церкви монастыря Святого Сикста в Пьяченце по заказу Папы Юлия II в честь победы над французами, вторгшимися в Италию, и присвоения Пьяченце статуса Папской Области.

    На картине изображены Мадонна с младенцем в окружении папы Сикста II, носящего сходство с Папой Юлием II, Святой Варвары, и двумя ангелочками внизу, под Мадонной глядящие снизу вверх на ее схождение. Фигуры образуют треугольник, поднятый занавес лишь подчеркивает геометрическое построение композиции.

8. **Мона Лиза Леонардо да Винчи** — самая знаменитая в мире картина, «Мона Лиза», творение Леонардо да Винчи, находится в Лувре. «Мона Лиза» была создана между 1503 и 1506 годами и окончательно доработана в 1510 году. До сих пор остается неясным, кто именно позировал великому мастеру. Заказ на картину художник получил от Франческо дель Джокондо, флорентийского торговца шелками, и большинство историков и искусствоведов полагают, что на портрете запечатлена Лиза Герардини, жена Джокондо, заказавшего портрет в честь рождения их второго сына.

5

Задания

I. Ответьте на вопросы по тексту.

1. Что такое царственное слово?
2. О чем сегодня, по мнению Ю. Бондарева, нужно писать?
3. Во что превратилось понятие о свободе, чем заменили слово «любовь», как ведут себя иные патриоты, каким стал вкус читателей?
4. По Достоевскому, мир спасется красотой, а что войдет в эту красоту?
5. Что мешает обществу выздороветь? Как называет эту болезнь Ю. Бондарев?
6. Ю. Бондарев говорит, что надежда все же остается. Прав ли он?

II. Термин *полисемия* переводится на русский язык как *многозначность*, это означает, что слово может употребляться в разных значениях. Определите, в каком значении употреблены данные словосочетания, и каково значение в них лексической единицы «слово».

Слово — 1. Единица языка, служащая для называния отдельного понятия.

2. Речь, язык.
3. Высказывание, выражение, фраза.
4. Мнение, решение, вывод.
5. Пустая болтовня, разговоры, не подкрепленные делом.
6. Обязательство сделать, выполнить что–л.; обещание.
7. Публичное выступление, речь, устное официальное заявление и т.п.
8. Литературное произведение в форме ораторской речи, проповеди или послания, повествование, рассказ.
9. Литературный текст (обычно к музыкальному произведению).
10. Достижение в какой–либо области.

Не находить слов *(для чего)*. Слово за слово. Слова не добиться *(от кого-н.)*. Двух слов связать не может. Дар слова. Ловить на слове *(кого-н.)*. Спасибо на добром слове. Понять друг друга без слов. Рассказать в немногих словах. Перейти от слов к делу. Передать *что-н.* на словах. Со слов *кого-н.* Слово ранит. Слово лечит. Рассказать своими словами. По словам *кого-н.* Добр только на словах. Вступительное слово. Заключительное слово. Последнее слово. Слово «О пользе стекла» (Ломоносов). «Слово о полку Игореве». Сказать свое веское слово. Новое слово в технике. По последнему слову науки. Слово за вами. Не сдержать слова. Взял с него слово молчать. Романс на

слова А.С.Пушкина. Одним словом.

III. С помощью каких глаголов А. Ахматова показывает готовность к смерти вещей, предметов. Найдите в данном ряду глаголы с подобным значением, составьте с ними словосочетания:

ржаветь, истлевать, крошиться, разводиться, уходить, портиться, заплесневеть, прокиснуть, перегнуть, перегнить, перепахать, отломить, рваться, разваливаться, износиться, протухнуть.

IV. Найдите в данном тексте слова общественно-политической лексики.

V. Среди лексических средств публицистического стиля отмечаются слова, имеющие стилистическую окраску и дающие социальную оценку. Составьте с ними предложения.

вседозволенность, развращение, мания (*богатства*), бесчеловечность, заблуждение, хаос, аномалия, извращение, официоз, катастрофа.

VI. Сравните определения и объясните, какую эмоционально-экспрессивную функцию они несут в тексте. Составьте с ними словосочетания:

царственный	непристойный
вдохновенный	ветреный
творческий	вульгарный
художественный	тошнотный
трагические	беззастенчивый
сакраментальный	крутой
священный	непечатный
божественный	малокультурный
обстрелянный	непростительный
дивный	пышный
волшебный	
несравненный	

VII. Приведите примеры царственного слова.

«Царственное слово является вдохновенному поэту в минуты его творческого взлета и остается на века в сокровищнице художественных образов, запечатленное памятью многих поколений».

VIII. Объясните следующие фразы своими словами.

1. Современное общество занято исключительно практическими целями, материальными мыслями.
2. Распущенность сейчас безгранично господствует и на телевидении, и в театре и литературе.
3. Наше поколение вымерло, остались единицы, к горькому сожалению, оно, наше поколение, вместе с народом принесло на своих плечах общечеловеческую победу и спасло мир.
4. Мы в атаку с лозунгами не ходили. Мы ходили с несколькими крутыми непечатными словами.
5. «Лавина» книг, далеких от серьезной литературы, обморочно обрушилась на читателя.
6. Сегодня культура опустилась на опасно низкий уровень.
7. Если люди довольны сегодняшним уровнем культуры, «кусочком хлеба без масла», это самое угрожающее положение для общества.

IX. Согласны вы или нет с высказываниями Ю. Бондарева? Аргументируйте свою позицию.

1. Все думают, что только экономика спасет нас. Нет. Это непростительное заблуждение.
2. Нас спасет культура. Слово. Книги. Журналы. Газеты. Телевидение. Радио.
3. Только на молодежь наша надежда.
4. Богатство — это ограбление.
5. Богатыми становятся благодаря тому, что беднеют другие.
6. Когда у малокультурного человека вдруг появляется куча денег, он не знает, что с ними делать. А если догадывается, как быстро обогатиться, то это всегда приводит к антиморальному, бесчеловечности.

X. Самостоятельная организация семинара по переводу с китайского на русский.

Примечание: данное задание выполняется самими учащимися или под руководством преподавателя. В задании даются опорные слова, словосочетания или выражения. Учащиеся составляют фразы или микротексты на китайском языке, после чего проводится семинар или специальные групповые практические занятия по переводу с китайского на русский язык. Ниже даны опорные слова по группам А, Б, В соответственно определенной тематике:

А:

受过战火的洗礼 (обстрелянный, пропитанный порохом)

用伟大的爱国主义情感影响下一代

(воздействовать на следующее поколение большим патриотическим чувством)

来之不易的胜利 (нелегкие победы)

把实现全人类胜利的重担担在了自己肩上并拯救了世界

(принести на своих плечах общечеловеческую победу и спасти мир)

不玷污对父母的爱 (не посрамить любовь к своим матерям и отцам)

Б:

摆脱所有复杂困境 (вывернуться из всех сложных проблем)

就业是件难事 (устроиться на работу — целая проблема)

积极投入社会发展进程 (активно вступить в движение общества)

对一些事情不满 (хмуриться на некоторые вещи)

不可原谅的错误观点 (непростительное заблуждение)

C:

锅生锈了。	衣服穿旧了。	这些食品很容易变坏。
米饭馊了。	鱼腐烂了。	鸡蛋臭了。

(можно использовать материалы из задания Ⅲ)

УРОК 2

Столицы России

**862–1169: Киев
1169–1340: Владимир
1340–1703: Москва
1703–1918: Санкт-Петербург
с 1918: Москва**

*Проходят годы... Меняются правители...
Исчезают одни государства и появляются другие...
Только Россия вечна. Зародившись изначально
как крупное многонациональное государство,
отстоявшее не раз свою независимость,
право на существование,
давшая миру великих ученых,
писателей, композиторов, художников,
да и спасавшая этот мир не один раз,
Россия впишет еще немало славных страниц
в мировую летопись истории.*

Текст 1

Москва. Основные сведения

Страна: Россия
Статус: Столица государства
Регион: Город федерального значения
Включает: 10 административных округов

УРОК 2

Первое упоминание: 1147 год
Площадь: 1081 кв. км.
Высота над уровнем моря: 150 — 200 м
Телефонные коды: +7495; +7499
Почтовые индексы: 101000 — 129999

Москва — город федерального значения, столица России, административный центр Центрального федерального округа и Московской области, город-герой. Крупнейший город России и Европы, важнейший транспортный узел, а также политический, экономический, культурный и научный центр страны. Метрополитен (с 1935 г.), Международные аэропорты Домодедово, Шереметьево, Внуково, 9 ж/д вокзалов, 3 речных порта (имеются выходы к морям бассейнов Атлантического и Северного Ледовитого океанов)

Органы власти

Москва — самостоятельный субъект Российской Федерации. Исполнительную власть в Москве осуществляет Мэр Москвы, законодательную — Московская Городская Дума, состоящая из 35 депутатов.

За что мы любим Москву

1. За то что это столица нашей Родины.
2. За безграничные возможности в продвижении по карьерной лестнице.
3. За возможность хорошо заработать.
4. За огромное количество интересных людей, с кем можно познакомиться.
5. За возможность ездить за границу (в Москве все проще оформлять).
6. За энергетику.
7. За огромное количество развлекательных заведений.
8. За скоростной интернет.
9. За концерты звезд (спорно, но кому-то важно).
10. За то, что она есть.

Новая Москва глазами иностранцев

Иностранцы, приезжавшие в Москву в советский период, обычно описывали ее как огромный мрачный город с минимальным уровнем сервиса, неприязненным обслуживающим персоналом, вездесущим КГБ и отсутствием тех развлечений, к которым они привыкли у себя на родине.

С началом рыночных реформ, когда главным стало не получение благодарности из райкома партии, а прибыль, предприятия сервиса были вынуждены пересмотреть вечный принцип советских продавщиц: «я одна, а вас много». Уровень сервиса начал расти, хотя не сразу и не быстро. Но в настоящий момент многим европейцам больше нравится сервис в Москве, где персонал вышколен и знает, что клиент всегда прав (тем более иностранный), чем у себя на родине, где работающие защищены от увольнения мощными профсоюзами и огромными судебным исками. Нынешнее положение иностранцев в Москве лучше всего иллюстрирует опрос «Жизнь Москвы глазами иностранцев».

Большинство живущих в Москве иностранцев считают, что российскую столицу даже близко нельзя сравнивать с другими европейскими и американскими мегаполисами. Но это вовсе не значит, что она отличается от них в худшую сторону. С точки зрения иностранцев, гордиться мы должны, прежде всего, памятниками русской старины, которых сохранилось на удивление много. Восхищение гостей вызывает также изобилие архитектурных шедевров модерна, ширина главных московских улиц, зелень парков и бульваров, а также «советская романтика» — например, подземные дворцы старых станций метро. Правда, метро в последнее время стало гораздо грязнее и хуже проветривается, а о достопримечательностях городские власти приезжих почти не информируют. Но и без путеводителя иностранцы с удовольствием гуляют по городу.

Как ни странно, по мнению большинства опрошенных иностранцев, в столице очень хорошая экология. В Москве им легче дышится, несмотря на загазованность, ядовитые выхлопы промышленных предприятий и старых автомашин. В московских магазинах вполне приемлемое качество товаров и сервиса, транспорт функционирует неплохо, а население скорее дружелюбно, хоть и мало владеет иностранными языками. О националистах и скинхедах слышали все опрошенные, но лично никто с ними пока не столкнулся.

Московские музеи также пользуются большой популярностью — иностранцы предпочитают музей изобразительных искусств, Третьяковскую галерею, Оружейную палату, музей истории Москвы и другие. Среди объектов, часто посещаемых иностранцами — музеи-квартиры: Чехова, Маяковского, Пушкина, Достоевского. Популярны музеи-усадьбы.

Еще иностранцам очень нравится ходить в московские театры — лидирует, разумеется, Большой, за ним следуют «Геликон-опера», Новая опера и Театр оперетты, а из драматических — Малый театр, Таганка, «Сатирикон» и Ленком. Вообще, говоря о досуге, иностранцы называют полный набор традиционных

русских брендов. Среди них Достоевский, Толстой, Чайковский, Ростропович, Станиславский, Мейерхольд, Тарковский, матрешки, водка и блины. После театров любимое времяпрепровождение иностранцев в Москве — слушать джаз и рок в клубе.

Правда, до клубов иностранцам не всегда удается доехать. Дело не только в том, чтобы найти дорогу, ведь в Москве почти нет указателей с латинскими транскрипциями названий улиц. Иностранцы жалуются на качество бензина, от которого часто ломаются их привередливые машины, и все как один критикуют сотрудников ГИБДД.

С точки зрения иностранцев, дорожная полиция в Москве только и занимается тем, что собирает мзду. Реальной помощи от регулировщика никто из опрошенных так никогда и не добился. Помимо коррумпированной ГИБДД есть и другие претензии. Пожалуй, главная из них — цена проживания в столичных гостиницах: стоимость номера не всегда соответствует качеству обслуживания, хозяева частных квартир слишком задирают арендную плату, как только слышат иностранный акцент. Зато безопасность, как в гостиницах, так и в квартирах оценивается очень хорошо. Уровень цен в магазинах оценивается как средний. В целом гости в Москве чувствуют себя уютно — даже несмотря на грязь во дворах, сломанные лифты и явный недостаток общественных уборных.

Глеб Июльский

Текст 2

Санкт–Петербург. Основные сведения

Страна: Россия

Первое упоминание:1703 г.

Статус города: с 1703 года

Прежние названия: Петроград (1914 — 1924), Ленинград (1924 — 1991), с 1991 Санкт-Петербург

Площадь:1439 кв. км.

Высота над уровнем моря:3 м

Телефонный код:+7 812

Почтовые индексы:190000 — 194060

Санкт-Петербург [с 18(31) августа 1914 по 26 января 1924 — Петроград; с 26 января 1924 по 6 сентября 1991 — Ленинград] — город федерального значения, субъект Российской Федерации, важнейший после Москвы экономический, промышленный, научный и культурный центр, крупный транспортный узел на северо-западе Российской Федерации; административный центр Ленинградской области и Северо-Западного Федерального Округа, город-герой.

Санкт-Петербург считается одним из красивейших городов мира.

Давно стихами говорит Нева,
Страницей Гоголя ложится Невский,
Весь Летний сад — Онегина строфа,
О Блоке вспоминают острова,
И по разъезжей бродит Достоевский.

С. Я. Маршак

Санкт-Петербург... Чудом и сказкой казалось современникам внезапное появление этого города на пустынных болотистых берегах Невы. За его красоту город называли Северной Пальмирой.

Есть нечто, что не может не захватить и не взволновать каждого приезжающего в Петербург.

Петербург — один из красивейших городов мира, город величественнейших площадей, парков, прямых проспектов, законченных, поражающий взгляд и воображение архитектурных ансамблей и зданий, созданных по гениальным замыслам великих зодчих.

Хороша в Петербурге полноводная красавица Нева, когда в бурю плывут по ней стальные волны, неся на гребнях белоснежную пену. Царственно великолепна она и в ясный солнечный день, и поздним вечером, когда отражаются в ее водах фиолетовое небо, дворцы, перекинутые через нее ажурные мосты и опоясывающие ее берега ленты светящихся фонарей. Чарующе хороши единственные в мире, неповторимые, волшебно-пленительные петербургские белые ночи, прелесть которых так проникновенно воспел А. С. Пушкин в поэме «Медный всадник».

Не было ни одного выдающегося русского писателя или поэта, жизнь и творчество которого так или иначе не были бы связаны с этим городом.

Этот удивительный город, по тротуарам которого «прошла вся русская литература», хочется обойти весь, обежать его, узнать. Хочется увидеть большой дом, на крыльце которого «с поднятой лапой, как живые», стоят каменные львы,

УРОК 2

громаду Исаакиевского собора, плывущий в воздухе шпиль Адмиралтейства взмывавшего ввысь Всадника на гранитной глыбе, хрупкие издали Ростральные колонны, широкую Неву, вонзающую в небо острую иглу Петропавловского собора — все, чем так богат и прекрасен наш город.

Комментарии

1. **Скинхеды** — (бритоголовые, скины) Скинхеды — это группы городской молодежи, живущие по своим законам, со своей музыкой, своими отличительными знаками, своей модой в одежде и концепцией "мужской дружбы".

2. **«Сатирикон»** — Театр «Сатирикон» имени Аркадия Райкина — московский театр под руководством Константина Райкина. Основан в 1939 году в Ленинграде Аркадием Райкиным как Ленинградский театр миниатюр, переехал в Москву в 1982 году.

3. **Ленком** — Московский государственный театр «Ленком» («Ленком» или Театр им. Ленинского Комсомола) — учреждение культуры г. Москвы. Официальное полное (зарегистрированное) наименование — Государственное учреждение культуры города Москвы.

4. **Бренд** — Торговая марка, по которой покупатель узнает производителя данного товара. В данном тексте употребляется как национальный знак, символ.

5. **Ростропович** — Мстислав Леопольдович Ростропович (27 марта 1927, Баку — 27 апреля 2007, Москва) — советский и российский виолончелист, дирижер, Народный артист СССР (1966), лауреат Сталинской (1951) и Ленинской (1964) премий СССР.

6. **Мейерхольд** — Всеволод Эмильевич Мейерхольд — [28 января (9 февраля) 1874, Пенза — 2 февраля 1940, Москва], русский режиссер, актер, театральный деятель, педагог. Народный артист Республики (1923). Один из реформаторов театрального искусства.

7. **Тарковский** — Андрей Арсеньевич (1932–1986), русский кинорежиссер, сценарист. Народный артист РСФСР (1980). Родился 4 апреля 1932 в селе Завражье Ивановской обл. в семье поэта А. А. Тарковского.

8. **Латинская транскрипция** — Существует несколько вариантов современного произношения латинских слов — английский, немецкий, французский,

русский и др.

9. **ГИБДД** — Государственная Инспекция Безопасности Дорожного Движения (ГАИ(ГИБДД) МВД РФ)...

10. **Мзда** — Взятка. Принять мзду за услуги. Отказаться от мзды.

11. **Коррумпированный** — Проникнутый коррупцией; продажный. К-ые органы власти. К-ая прослойка общества. К-ая часть аппарата управления. < Коррумпированность, -и; ж. >

12. **Пальмира** — греческое название древнего сирийского города Тадмор.

13. **Стальные волны** — серые, осенние холодные волны, по цвету напоминают сталь.

14. **Всадник на гранитной глыбе** — **Медный всадник** — **памятник Петру I** на Сенатской площади в Санкт-Петербурге. Памятник получил свое название благодаря знаменитой одноименной поэме А. С. Пушкина. В 1782 году столетие вступления на российский престол Петра I было отмечено в Петербурге открытием памятника царю работы скульптора Этьена Мориса Фальконе.

15. **Исаакиевский собор** — (официальное название — **собор** преподобного Исаакия Далматского) — крупнейший православный храм Санкт-Петербурга. Расположен на Исаакиевской площади. Имеет статус музея.

16. **Шпиль Адмиралтейства.** — Шпиль на центральной башне южного фасада Главного Адмиралтейства представляет собой стройную восьмигранную пирамиду. Каркас остова шпиля — деревянный, из соединенных в связки бревен-стволов корабельной сосны. На высоте 72,5 метра шпиль Адмиралтейства венчает позолоченный флюгер в виде корабля — один из символов Санкт-Петербурга. Это четвертый по счету корабль, сделанный в 1886 году. Флюгер весит 65 кг и покрыт двумя килограммами чистого золота.

17. **Ростральная колонна** — отдельно стоящая **колонна**, украшенная носами кораблей (ростами) или их скульптурными изображениями. В Санкт-Петербурге **ростральные колонны** украшают ансамбль Стрелки Васильевского острова, олицетворяя морское могущество России. Триумфальные кирпичные **колонны**-маяки высотой в 32 метра были спроектированы архитектором Тома де Томоном.

18. **Петропавловский собор** — занимает особое место в ансамбле Петропавловской крепости. В 1703 году, почти одновременно со строительством земляных укреплений, на Заячьем острове была возведена небольшая церковь, заложенная во имя апостолов Петра и Павла. Это самое высокое архитектурное сооружение Петербурга. Он украшен золоченым шпилем высотой в 122,5 метра, который венчает флюгер в виде летящего ангела. Петропавловский собор служил

УРОК 2

усыпальницей российских монархов. Здесь погребены все русские цари династии Романовых, за исключением Петра II и Ивана VI. Основатель города, Петр Великий, похоронен у южной стены собора.

Задания

I. Ответьте на вопросы по тексту.
1. Как оценивали Москву иностранцы, приезжавшие в советский период?
2. Как изменился российский сервис с началом рыночных реформ?
3. С точки зрения иностранцев, чем, прежде всего, должны гордиться москвичи?
4. Как проводят иностранцы свой досуг в Москве?
5. На что жалуются иностранцы, проживающие в Москве?
6. За что Санкт-Петербург называли Северной Пальмирой?
7. Что поражает в Петербурге, одном из красивейших городов мира?
8. Что воспел А.С. Пушкин в поэме «Медный всадник»?
9. Объясните выражение: Петербург — город, по тротуарам которого «прошла вся русская литература».

II. Объясните следующие выражения:
1. Вечный принцип советских продавщиц: «я одна, а вас много».
2. Персонал вышколен и знает, что клиент всегда прав.
3. Называют полный набор традиционных русских брендов.
4. И все как один критикуют сотрудников ГИБДД.
5. Занимается тем, что собирает мзду.
6. Хозяева частных квартир слишком задирают арендную плату.
7. Плывут по ней стальные волны, неся на гребнях белоснежную пену.
8. Есть нечто, что не может не захватить и не взволновать.
9. Нет указателей с латинскими транскрипциями.
10. Привередливые машины.
11. Коррумпированная ГИБДД.

III. Прочитайте текст «За что мы любим Москву» и составьте собирательный образ человека, который любит Москву. Кто он? (социальный статус, возраст, материальное положение, профессия, коренной москвич или провинциал и проч.)

IV. Пекин — столица Китая. Кто из жителей столицы и приезжих и за что любит Пекин? Чем могут нравиться другие города Китая?

V. Составьте текст, используя данные выражения.
   1. Крупное многонациональное государство
   2. Отстаивать независимость
   3. Вписать немало славных страниц
   4. Мировая летопись истории
   5. Административный округ
   6. Высота над уровнем моря
   7. Административный центр
   8. Центральный федеральный округ
   9. Транспортный узел
   10. Бассейны Атлантического и Северного Ледовитого океанов
   11. Законодательная власть

VI. Составьте схему результатов опроса «Жизнь Москвы глазами иностранцев»: «Что нравится в Москве?» «На что жалуются?», используя материалы из текста.

VII. Возьмите интервью у человека, побывавшего в Москве, или в Санкт–Петербурге.

VIII. Составьте микротексты, используя в них следующие словосочетания.
   1. уровень сервиса
      с началом рыночных реформ
      вынужден(ы) пересмотреть старые принципы
      в настоящий момент

   2. нельзя сравнивать *(кого, что с кем, чем)*
      гордиться *(кем, чем)*
      вызывать восхищение *(кого)*
      вовсе не значит, что

   3. пользоваться популярностью
      все как один
      любимое времяпрепровождение

4. недостаток общественных уборных
   сломанные лифты
   (не) проветриваться
   задирать плату

IX. Найдите в тексте «Санкт-Петербург» изобразительные эпитеты, которые позволяют нам увидеть предметы и действия такими, какими их видит автор, например: полноводная красавица Нева.

X. Объясните смысл стихотворных строчек С.Я. Маршака, найдите в китайской поэзии подобные мотивы.

Все то, чего коснется человек,
Приобретает нечто человечье.
Вот этот дом, нам прослуживший век,
Почти умеет пользоваться речью.

Мосты и переулки говорят,
Беседуют между собой балконы,
И, у платформы выстроившись в ряд,
Так много сердцу говорят вагоны.

**Давно стихами говорит Нева,
Страницей Гоголя ложится Невский,
Весь Летний сад — Онегина строфа,
О Блоке вспоминают Острова,
А по разъезжей бродит Достоевский.**

Сегодня старый маленький вокзал,
Откуда путь идет к финляндским скалам,
Мне в сотый раз подробно рассказал
О том, кто речь держал перед вокзалом.

А там еще живет петровский век
В углу между Фонтанкой и Невою...
Все то, чего коснется человек,
Озарено его душой живою.

XI. Напишите эссе(随笔) о своем родном городе (деревне) или о городе, который вам очень нравится.

Жанр эссе предполагает свободу творчества. Вся его прелесть в том, что оно может быть написано на любую тему и в любом стиле, т.е. о чем угодно и как угодно, ведь эссе — это ваше размышление по поводу услышанного, увиденного, прочитанного, просмотренного.

УРОК 3

Эти странные русские

В. И. Жельвис

Россия по территории в пять раз больше Индии, но ее население в семь раз меньше. Она в два раза крупнее Соединенных Штатов по площади, но в два раза меньше по населению. В России живет примерно 145 миллионов человек. Для сравнения: в Германии — 82 миллиона, в Японии — 126, в США — 278, а в Китае — около 1 миллиарда 300 миллионов человек.

«Ты и убогая, ты и обильная, ты и могучая, ты и бессильная, матушка Русь!» — восклицал Н. А. Некрасов. Национальный характер любого народа полон противоречивых и даже взаимоисключающих черт, но русские в этом отношении впереди многих.

1. ХАРАКТЕР

Романтики в душе

«Поскребите» русского, и вы скоро обнаружите в нем романтика. Русский романтизм — непобедимый, непревзойденный, непотопляемый и неразумный. Русский видит вокруг себя хаос, вздыхает и с надеждой заглядывает за угол: тут где-нибудь поблизости его ждет успех и счастье, ведь это всем известно!

Чувство локтя

Вот почему, например, русские любят собираться в толпу. Кажется, что если в один прекрасный день они обнаружат, что толп больше не стало, они почувствуют, что им чего-то стало не хватать.

Самая характерная черта русских — это их чувство локтя.

Страдающая русская душа

Русский взгляд на жизнь можно выразить с помощью трех основных понятий: «душа», «тоска» и «судьба».

«Душа» — это некая нематериальная субстанция, понятие о которой неразрывно связано с православием. Душа — жизненная сила каждого живого существа. Когда вы умираете, душа покидает ваше тело. Вашу душу стремятся заполучить злые силы, черти.

«Тоска» — это смесь апатии, мучений, меланхолии и скуки. Она немного похожа на немецкую «мировую скорбь», но носит более личный характер. Если вы русский, то вам надлежит время от времени испытывать это уникальное чувство и громко жаловаться, подобно Онегину в опере Чайковского: «Позор! Тоска! О, жалкий жребий мой!»

«Судьба» — это эклектическая смесь фатума, удела, доли, жребия и предназначения. «От судьбы не уйдёшь», «Если тебе не повезло, значит, такая твоя судьба» и т. п. Ваша священная обязанность — всю жизнь оплакивать свою судьбу.

Мечта о халяве

Русские любят мечтать о том, чтобы неожиданно разбогатеть. Одна из самых популярных русских сказок — про лодыря по имени Емеля и волшебную щуку. Емеля проводил дни, сидя в своей избе на тёплой печке. Однажды он пошёл к реке по воду и случайно вытащил с водой большую щуку, которая умела творить чудеса. Щука дала Емеле власть претворять свои желания в жизнь. «По щучьему веленью, по моему хотенью!» — кричит Емеля, и, даже пальцем не шевельнув, получает всё, что ему вздумается: от вёдер, самоходом идущих в дом, до женитьбы на царевне и скатерти-самобранки, которая сама себя уставляет яствами. Мораль сказки в том, что твоя судьба не зависит от того, хорош ты или плох, всё дело в везении.

Любимое русское слово «халява» обозначает нечто, достающееся вам задаром. Не имеет значения, о чём идёт речь: о бесплатном билете на спектакль, на который вы за деньги ни за что бы не пошли, о значке или рекламной брошюрке, которую вам в голову не придёт прочесть, о приглашении пообедать в ресторане с бизнесменом, которому от вас что-то нужно. Русские убеждены, что дарёному коню в зубы не смотрят. Подарок — он и есть подарок.

Русское терпение

Ещё одна характерная черта русских — долготерпение, готовность к длительному страданию, пассивное ожидание, что жизнь станет (или не станет)

полегче. Русское терпение неисчерпаемо.

Русские способны ждать и надеяться на лучшее в условиях, которые показались бы непереносимыми практически любой другой нации. Глубоко в душе они полагают, что «терпение и труд все перетрут».

2. СИСТЕМА ЦЕННОСТЕЙ

Чем больше, тем лучше

Россия — огромная страна, и ее народ любит все огромное.

Большое — это одновременно и красивое: гигантские плотины, гигантские тракторные заводы, гигантские ракеты, гигантские телебашни. На первом месте — величина, качество — на втором. Слова «самые большие в мире» захватывают воображение. Они — как бальзам на больное русское сердце. Больше — лучше.

Ничего не может быть лучше, чем обгонять мир, и не важно, каким образом.

Иметь или не иметь

Русские не особенно ценят деньги. С деньгами лучше, чем без них, потому что бедность — это крайне неприятно. Но иметь много денег — нехорошо. У людей честных много денег быть не может — по крайней мере, если они не эстрадные звезды или чемпионы по теннису. Никогда не хвалитесь, что у вас водятся деньги, куда лучше жаловаться, что вам не хватает денег от получки до получки и регулярно приходится одалживать деньги у соседа.

Богатых всегда недолюбливают. «Новые русские», нувориши, на которых богатство свалилось, как цветочный горшок с балкона, подвергаются насмешкам.

Если вы мало зарабатываете, нет ничего зазорного в том, что вы рассказываете окружающим о своей зарплате. Признавая, что вам так много недоплачивают, вы показываете, что ваш наниматель недооценивает вас и не понимает, какое бесценное приобретение он сделал, взяв вас на работу. Зарабатывать мало не унизительно — позор падает на того, кто вас эксплуатирует.

Русские готовы помочь ближнему, даже если им доподлинно известно, что тот, кому они помогают, способен сам о себе позаботиться. В стародавние времена крестьяне имели обыкновение выставлять на ночь за дверь ломоть хлеба и кружку молока на случай, если мимо будет проходить какой-нибудь беглый каторжник. Вполне возможно, что это будет тот самый грабитель, который в прошлом году забирался к вам в дом; но сегодня он среди тех, кому в жизни не повезло. «От сумы да от тюрьмы не зарекайся», — гласит русская пословица. К

тому же, кто может поручиться, что этого несчастного посадили за дело?

Невозможно по одной одежде определить, богат или беден русский. Он может потратить последнюю копейку на то, чтобы щеголять в джинсах, модном галстуке или ботинках от известной фирмы (заграничной, разумеется). Быть хорошо одетым в России очень престижно, и молодая персона любого пола оценивается, прежде всего, по одежде.

«Рука руку моет», или, как выражаются англичане «почеши мне спину, а я почешу тебе». Смысл тут один.

Когда вы начинаете новое дело, первое, чем вам предстоит заняться, — найти нужного человека, способного вам помочь. В идеале это ваш родственник или кто-то, кому вы в свое время помогли. После того, как такой человек найден, все упрощается: ведь у него тоже есть друзья. «Я направлю на строительство вашей дачи машину кирпичей, а вы попросите экзаменаторов быть снисходительнее к моему оболтусу-сыну, которому вздумалось поступать в ваш университет». Такие отношения нельзя назвать взяткой: ведь ни один рубль тут не перекочевывает из кармана в карман. Перед нами «блат», самое мощное оружие, каким когда-либо владела Россия; отмычка, открывающая любые двери. Вы оказываете кому-либо услугу не за деньги, а в расчете, что в один прекрасный день вам может понадобиться его помощь.

Если в России есть хоть одна система, которая работает как часы, то это блат.

Русские достаточно суеверны.

Черного кота, перебегающего вам дорогу, нельзя оставить без внимания; старайтесь не просыпать соль и не разбивать зеркала; если вы идете на экзамен, не забудьте подложить пятак под пятку...

Русские соорудили небольшой памятник зайцу, который зимой 1825 года перебежал дорогу Пушкину, когда поэт выехал в Петербург, чтобы присоединиться к восстанию декабристов. Увидев зайца, Пушкин приказал повернуть сани назад. Если бы не это его суеверие, он, вероятно, окончил бы свои дни в сибирских рудниках.

Последний писк моды — восточные календари. В начале каждого года русские возбужденно расспрашивают друг друга, чей это будет год: Тигра, Вола, Лошади или Обезьяны... Даже вполне благоразумная дама может на полном серьезе заявить, что, коль скоро она родилась в год Крысы, то не может выйти замуж за вот этого мужчину, потому что его год рождения несовместим с ее. И в то же время будет настаивать, что она истинно верующий человек, и регулярно ставит

УРОК 3

свечку в ближайшей церкви.

3. ДЕЛА СЕМЕЙНЫЕ

Кто в семье хозяин

Не всем это известно, но уже на протяжении долгого времени власть в России находится в руках женщин. Русским феминисткам даже не было нужды объявлять мужчинам войну, потому что мужчины добровольно сдались более образованному, более культурному, более умному, более работящему и менее пьющему полу.

В относительно не самых важных областях, вроде политики, все еще доминируют мужчины, но в среде учителей, докторов, инженеров, не говоря уж об обслуживающем персонале, равно как и в семье, безраздельно царит женщина. Если муж — голова семьи, то жена — ее шея, диктующая голове, куда повернуться. Потерпевшие поражение мужчины покорно, а иногда, кажется, даже почти охотно склоняются перед «слабым» полом. Ведь не случайно по законам русской грамматики «Россия» — женского рода. «Матушка Россия» — никому в голову не придет назвать Россию «батюшкой».

Семья сокращается

В жизни русской семьи существует большой разрыв между тем, во что русские верят, и тем, что имеет место на самом деле.

Спросите русского, что он ценит больше всего на свете, и он ответит, что важнее всего для него семья и дети. Более того, он искренне верит, что говорит правду.

С древних времен у русских существовала разветвленная система названий родственных отношений: деверь, шурин, сват, зять, золовка, сноха, свояк, свояченица и т. п. Разумеется, все эти отношения характерны для любого человеческого общества, но далеко не везде у них имеются выражающие их понятия.

Более того, далеко не все отношения, которые русские считают родственными, считаются таковыми у других народов.

Число разводов быстро опережает число браков, а семья с одним ребенком или вообще без детей более типична, чем семья, где детей двое или трое. Трехдетная семья уже проходит по разряду многодетных и даже имеет право на какие-то льготы. Конечно, дети — это цветы жизни, но пусть лучше эти цветы растут у соседа. Дети стали слишком дорогим удовольствием, особенно если

учесть, что ваш ребенок ну просто не может быть одетым хуже, чем у знакомых, и что дать ему образование — сущее разорение: ведь даже государственная школа занимается постоянными поборами (на ремонт, на охрану, на учебники). А если вы отдаете свое единственное сокровище в частную школу, готовьтесь выложить кругленькую сумму!

В России принято уважительно относиться к старикам, особенно если это ваши родственники. Самый позорный поступок, который вы можете совершить, — это отправить ваших беспомощных отца или мать в дом престарелых. В России соответствующие учреждения пользуются самой скверной репутацией, и репутация эта вполне заслужена.

Каждому поколению внушают, что старших надо уважать, и каждый ребенок знает, что пожилым людям положено уступать место в автобусе (там отведены специальные места для инвалидов и пассажиров с детьми).

Отцы и дети

Неудивительно, что в России очень велик разрыв между поколениями. И во всех странах, которые прежде составляли части Советского Союза, разрыв этот шире, чем где-нибудь еще.

Очень быстрое изменение социальных условий привело к тому, что на свет появилось целое поколение, незнакомое с бедами, через которые прошли их предки. Молодые видели войну, концлагеря и очереди за хлебом только на телеэкране. Они свободно могут рассказывать политические анекдоты. Они без труда могут уехать из страны и вернуться в нее. Они даже могут жениться на иностранках. Их дедушкам и бабушкам, которые получили возможность все это делать лишь на закате жизни, это кажется невероятным, и не все они считают это благом. Молодые улыбаются, когда старики затягивают свое обычное: «Вот когда я был в твоем возрасте...» Жизнь двух поколений настолько различна, что сравнение просто невозможно.

4. МАНЕРЫ И ЭТИКЕТ

Хорошие манеры подразумевают тихий голос, спокойные жесты и не слишком вызывающую одежду. Однако русские не станут стесняться выразить обуревающие их чувства в общественном месте. Например, если вам не нравится, как вас обслуживают в магазине или ресторане, вы можете высказать продавцу или официанту все, что думаете о нем, о его родственниках, близких и дальних, о его привычках и сексуальных пристрастиях.

Не так давно молодых людей, целующихся на людях, могли забрать в милицию. Прохожие при виде целующейся пары краснели и отворачивались. Теперь вы можете свободно поцеловать хоть самого милиционера, и никто вам слова не скажет: вот как далеко зашли русские, подражая манерам растленного Запада!

Как здороваются

Обращения вроде «сэр» или «мадам» в России отсутствуют, что причиняет русским массу неудобств. До октябрьской революции 1917 года нормальная форма обращения была «сударь» или «сударыня». Слова эти звучали очень «по-буржуазному» и были отвергнуты большевиками, которые предложили «гражданин» или «товарищ». К сожалению, «гражданин» постепенно стало ассоциироваться не столько с ежедневным бытом, сколько с судом или приводом в отделение милиции. «Товарищ» — слово из лексикона Коммунистической партии, и после падения коммунистического режима те, кто был против прежнего строя, не желали больше это слово использовать; а таких было немало. «Сударь» же звучит ужасно старомодно, отчего ситуация до сих пор остается неразрешимой.

Если вы знаете фамилию человека, вы всегда можете обратиться к нему «господин Иванов» или «госпожа Иванова», но это очень официальное обращение. Отчаявшись найти что-либо подходящее, русские используют простые «Мужчина!» и «Женщина!», однако многие отвергают такие обращения, находя их вульгарными. В качестве временной меры русские используют «Извините, пожалуйста!», т. е. никак не называют собеседника, а просто привлекают к себе внимание.

С древних времен к людям старшего возраста русские уважительно обращаются с помощью наименований степеней родства: «Бабушка!», «Дяденька!», а старшие к младшим — ласковыми «Сынок!» и «Дочка!» Грубее времена — грубее нравы: все большее распространение получают довольно бесцеремонно звучащее «Дед!» к любого возраста человеку с бородой. Зато «Старик!» как обращение к молодому сверстнику звучит вполне дружелюбно. Поистине неисповедимы пути языка!

Полный отчет

Никогда, никогда не спрашивайте русского, как он поживает, если вы на самом деле не хотите знать, выспался ли он и что он ел сегодня на завтрак.

Беседа

Русские способны бесконечно рассуждать о чем угодно: о политике, о семейных делах, о здоровье младшей дочери вашего троюродного брата или о понятии Святой Троицы. Есть, однако, несколько предметов, которых русские стремятся избегать и заставить говорить о которых их просто невозможно.

Они очень стесняются говорить о сексуальных проблемах — даже в кабинете врача, а уж тем более с друзьями, при детях или родителях. Но с появлением эротических фильмов и журналов и даже (о, Господи!) секс-шопов отношение к этому предмету становится более спокойным. С витрин каждого газетного киоска на вас смотрят не очень скромно одетые девицы, в глазах которых застыло обещание. Половое образование остается полным табу. Русские и особенно работники образования все еще считают, что детей находят в капусте или покупают за валюту в элитных магазинах.

5. КУЛЬТУРА

Сказать, что русские любят Пушкина — это еще ничего не сказать. Они превозносят это имя, они этим именем клянутся.

Когда кто-нибудь не делает того, что должен, его друг наверняка скажет ему с сарказмом: «Хорошо, и кто должен за тебя это сделать? Пушкин?» Почему именно Пушкин заслужил такую всенародную любовь? Конечно, немалую роль играет то, что его произведения заучиваются наизусть русскими детьми едва ли не с рождения, каждый русский знает, что Пушкин — создатель современного русского языка. Но все-таки главное — это сама поэзия, как нельзя лучше выражающая «русский дух», романтичный, взволнованный, противоречивый. У русских в культурном отношении есть чем похвастаться. Помимо таких великих писателей и драматургов, как Толстой, Чехов и Достоевский, список великих русских включает композиторов (вроде Чайковского), самых сильных в мире шахматистов, танцовщиков Большого и Мариинского театров.

Иконопись — искусство, которое просто не с чем сравнивать. Величайший иконописец Андрей Рублев работал в XIV–XV веках, потом был забыт своими соотечественниками и возвращен из забытья только в конце XIX века. Русские иконописцы не пытались копировать природу, они стремились изобразить идеал, нечто недосягаемое для простого зрения. Икона — портрет не человека, а его души, самая его суть.

6. ЯЗЫК

Каждый русский согласится, что русский язык обладает всеми достоинствами других языков и ни одним из их недостатков.

Он мелодичен, как итальянский, повелителен, как немецкий, точен, как английский.

Одно из лучших его свойств — возможность выразить тонкие оттенки с помощью бесчисленного количества суффиксов. Например, «лошадь» — это лошадь, в то время как «лошадка» — это маленькое, веселое, очаровательное существо, а « лошаденка » — усталая рабочая лошадь, весьма пожилая и согнувшаяся под бременем труда. Если же вы хотите назвать лошадь ласково, назовите ее «лошадушка», но если вам надо поименовать большое и неуклюжее животное, это будет «лошара». И так далее.

Англоязычный влюбленный очень мало что может сделать с именем своей дорогой Мэри. А его русский соперник может образовать целый сонм ласковых имен той же самой девушки: Мария, Марийка, Мариша, Марья, Мара, Маруля, Муля, Маруся, Муся, Мася, Масята, Марюта, Марюха, Марюша, Муша, Маня, Манюня, Манюра, Манюша, Манятка, Мака, Маша, Машаня, Машуля, Машука, Машуня, Муня, Машура, Мура, Шура, Машара, Мута, Машута, Моря — и все это нежные имена. Если же он на любимую рассердится, то может добавить к ее имени уничижительный суффикс «к»: Машка, Манька, Нюшка и т. д. Совершенно очевидно, что русский поклонник имеет гораздо больше шансов завоевать сердце любимой девушки, чем его английский или американский соперник.

Такова сегодняшняя Россия, великая и нелепая, мудрая и бестолковая, красивая и малопривлекательная. Как в любой стране, в ней есть все. Сами русские и посещающие ее иноземцы охотно критикуют ее порядки и образ жизни. Но вот что странно: все чаще приходится наблюдать, как жители западных благополучных стран, впервые посетив Россию, после того, как прошел первый шок от увиденного, как бы останавливаются и задумываются.

И совсем не редко самые любознательные из них возвращаются сюда снова и снова, и есть даже такие, кто готов здесь пожить, получая мизерную зарплату и ежедневно сталкиваясь с массой неурядиц и неудобств. Они готовы пойти на лишения, лишь бы почувствовать русский дух коллективизма, доброжелательности и, если хотите, некоторой безалаберности, которая не дает добиться благосостояния, но зато помогает остановиться и оглянуться, почувствовать, как все-таки это прекрасно придумано — просто жить.

Комментарии

1. **Владимир Ильич Жельвис** родился в Ленинграде, как в коммунистические времена назывался Санкт –Петербург. Ему удалось пережить террор сталинских «чисток», равно как и кровавую Вторую мировую войну (он был в Ленинграде во время блокады). После этого ему было уж вовсе легко прожить в годы послевоенной разрухи, при этом он смог получить университетское образование. Затем он отправился на Дальний Восток, где встретился со своей будущей женой, которая впоследствии родила ему двух дочерей. Семейная жизнь не помешала ему написать две диссертации, одну по филологии, другую по психолингвистике, а также книгу о психологических и социальных аспектах брани. Теперь он может ругаться приблизительно на 80 языках, что очень помогает ему в его преподавательской деятельности. Сейчас он живет в древнем русском городе Ярославле со своей женой Стеллой и доберманом Клиффом и преподает в местном педагогическом университете.

2. **Русские в этом отношении впереди многих** — противоречий в национальном характере русских и взаимоисключающих черт гораздо больше, чем у других наций.

3. **«Поскребите» русского** — Поскребите русского — вы увидите татарина, утверждает французская пословица. Поизучайте русского, считает автор, и вы увидите романтика, т. е. в каждом русском живет романтик.

4. **Эклектическая смесь фатума** — соединение различных стилей, взглядов, теорий и осознание неизбежности, неотвратимости рока, судьбы, доли.

5. **Халява** — что–то бесплатное, легкодоступное.

6. **Бальзам на больное русское сердце** — средство утешения, облегчения страданий.

7. **Нувориш** — разбогатевший на спекуляциях богач–выскочка.

8. **«От сумы да от тюрьмы не зарекайся»** — пословица, которая учит всегда быть готовым к тому, что станешь нищим, будешь просить подаяния или попадешь в тюрьму.

9. **Оболтус**–сын — глупый, неотесанный человек; бездельник.

10. **Последний писк моды** — самые последние модные обновки.

11. **Феминистка** — женское движение за полное уравнение женщин в правах с мужчинами. Поддерживать феминизм. Бороться с феминизмом. Сторонник, последователь феминизма. <Феминистический, –ая, –ое; Феминистский.>

12. **Доминируют мужчины** — преобладать, господствовать, быть основным. В театре доминирует классический репертуар.

13. **Деверь** — брат мужа.

14. **Шурин** — брат жены.

15. **Сват** — ①Человек, сватающий жениха невесте или невесту жениху. Засылать сватов.

    ②Отец одного из супругов по отношению к родителям другого супруга.

16. **Зять** — муж дочери, сестры, золовки. *Зять любит взять (Посл.).

17. **Золовка** — сестра мужа. Старшая з. *Золовка хуже свекровки (Посл.).

18. **Сноха** — жена сына.

19. **Свояк** — ①Муж свояченицы; родственник вообще. ②Разг. Свой, близкий человек.

    *Свояк свояка видит издалека (Посл.).

20. **Свояченица** — сестра жены.

21. **Дети — это цветы жизни, но пусть лучше эти цветы растут у соседа** — иметь детей хорошо, но связанные с их появлением время на воспитание, уход и финансовые расходы заставляют отказаться от мысли иметь детей.

22. **Сущее разорение** — настоящее, истинное разорение.

23. **Выложить кругленькую сумму** — отдать значительную, крупную сумму денег.

24. **Святая Троица** — раскрываемое христианством учение о Триедином Боге, едином по существу и троичном в Лицах (Ипостасях) Отца, Сына и Святого Духа.

25. **Целый сонм** — большое количество, множество кого–, чего–л. С. ангелов.

26. **Безалаберность** — неорганизованность, беспорядочность, легкомысленность в образе жизни, в поступках.

Задания

I. Ответьте на вопросы по тексту.

1. Назовите самую характерную черту русских людей. В чем она выражается?
2. Расскажите о трех основных понятиях, которые объясняют взгляды русских на жизнь.
3. О чем мечтает каждый русский человек? Почему «халява» является одним из любимых слов?
4. Какая еще черта характера является доминирующей (основной)?
5. Как объяснить, что народ России любит все огромное?

6. Как относятся к деньгам? К богатым людям?
7. Есть ли в русских людях чувство сострадания?
8. Что можно сказать о суевериях русских людей?
9. Как складываются у русских отношения в семье? Отношение к детям? К старикам?
10. Почему разрыв между поколениями очень велик?
11. Каковы манеры русских людей?
12. Как обращаются к знакомым и незнакомым людям?
13. О чем русские люди любят рассуждать и о чем стесняются говорить?
14. Почему именно А.С.Пушкин заслужил всенародную любовь? Чем еще в культурном отношении могут похвастаться русские люди?
15. Что можно сказать о русском языке?
16. Почему многих иностранцев, хоть раз посетивших Россию, тянет сюда снова?

II. Проверьте себя (выберите «да» или «нет»).
1. Русские люди в душе романтики. — *Да/нет.*
2. Русские люди не любят мечтать, предпочитают действовать. — *Да/нет.*
3. Русские очень ценят деньги. — *Да/нет.*
4. Блат — самое мощное русское оружие. — *Да/нет.*
5. В делах семейных главным является мужчина. — *Да/нет.*
6. У русских практически все темы допустимы для обсуждения. — *Да/нет.*
7. Русские в обществе могут обсуждать вопросы секса. — *Да/нет.*
8. У русских в культурном отношении есть чем похвастаться. — *Да/нет.*

III. Объясните значения следующих слов: *деверь, шурин, сват, зять, золовка, сноха, свояк, свояченица.* Найдите в словаре еще слова, являющиеся названиями родственных отношений.

IV. Прочтите эпиграф к тексту В.И.Жельвиса «Эти странные русские» и найдите стилистический прием *анафора*, который состоит из повторения одних и тех же слов, предложений, звуков в начале смежных или близко расположенных друг к другу строк, строф или фраз (например: Гляжу на будущность с боязнью, Гляжу на прошлое с тоской). С какой целью используется этот прием?

V. В тексте много пословиц, например: «*Дареному коню в зубы не смотрят*».

УРОК 3

Найдите их, объясните значение пословиц. Постарайтесь также найти в тексте упоминания о суевериях и объяснить их смысл.

VI. Объясните следующие выражения, переведите их на китайский язык.

1. Богатство свалилось, как цветочный горшок с балкона.
2. Система, которая работает как часы.
3. Они — как бальзам на больное русское сердце.
4. Молодая персона любого пола оценивается, прежде всего, по одежке.
5. Рука руку моет.
6. Отмычка, открывающая любые двери.
7. Но в самых важных областях, вроде политики, все еще доминируют мужчины.
8. Дети — это цветы жизни, но пусть лучше эти цветы растут у соседа.
9. Вот как далеко зашли русские, подражая манерам растленного Запада!
10. Грубее времена — грубее нравы.

VII. От мужского имени Иван образуйте варианты.

VIII. Автор текста «Эти странные русские» живет в России. Опираясь на содержание текста, составьте психологический портрет, обрисуйте черты его характера, темперамент, натуру.

IX. Составьте схему –сопоставление положительного и отрицательного (негативного), что замечено автором в русских людях.

33

УРОК 4

Руководитель и лидер

Понятия лидер и руководитель существенно между собой различаются. Лидер — это человек, которого группа наделила правом на принятие решений и управление жизнью этой группы. А руководитель — это человек, стоящий на определенной ступени в иерархической структуре и имеющий официальное право на управление группой. Руководитель имеет лишь потенциальную возможность руководить, и легальное право пользоваться инструментом управления, а лидер имеет реальную возможность управлять группой, которой наделила она его сама. Если руководителю удается расположить к себе подчиненных и признания его, он становится настоящим лидером.

Существует даже классификация лидеров, связанная с этими различиями. Их разделяют на официальные и неофициальные. Официальные лидеры — это те же руководители, у которых есть возможность управлять благодаря служебному положению, должности, рангу, а неофициальные становятся лидерами по причине своей харизмы, которая делает их непохожими на остальных. Руководитель, который не является лидером, сталкивается со всеми проявлениями неподчинения: некачественная работа, саботаж, открытое неповиновение.

Еще одно существенное различие между понятиями лидер и руководитель — это целенаправленность. Руководитель всегда пытается руководить людьми осознанно, но знает, что ему нужно получить определенный результат. А лидер очень часто становится предметом для подражания не специально.

Лидер, в сущности, также является руководителем, но характер его действий иной, чем у обычного менеджера–администратора. Он не управляет, не командует, а ведет за собой остальных, а те выступают по отношению к нему не подчиненными, а последователями. Лидерство является функцией социальной среды, персонифицированной в отдельной личности, в наибольшей степени способной проявлять инициативу.

Должность формально создает для руководителя необходимые предпосылки быть лидером коллектива, но автоматически таковым его не делает. Можно быть первым лицом в организации, но не являться фактически лидером, ибо тот должен быть не утвержден приказом, а психологически признан окружающими как единственный, кто способен обеспечить удовлетворение их потребностей и показать выход из, казалось бы, безвыходных ситуаций.

Лидером, таким образом, становится, лицо, принявшее на себя добровольно большую ответственность, чем предписано должностью.

Существует два типа лидеров: инструментальный в деловых отношениях и экспрессивный в межличностных (обычно наиболее уважаемый человек). Они, как правило, не совпадают, но больше других склонны к сотрудничеству и взаимной поддержке.

Человек, претендующий на место лидера, должен обладать четким видением будущего и путей движения к нему. Поскольку такое видение иногда исходит не только из реальных возможностей, но ничем не подкрепленных «благах» пожеланий, лидер может осознанно или неосознанно, выводя своих последователей из одного тупика, завести в другой, еще более глубокий. Рассмотрим теперь, чем же лидеры отличаются от формальных руководителей или, по-другому, менеджеров.

Классические менеджеры осуществляют определяемые сверху функции. Они, прежде всего, определяют, как, какими способами нужно достигать поставленные, как правило, другими людьми цели, организуют и направляют работу подчиненных в соответствии с детально разработанными планами, занимая при этом пассивную позицию. Свое взаимодействие с окружающими они строят на основе четкой регламентации прав и обязанностей, стараются не выходить за их рамки, стремятся к определенному порядку и дисциплине.

В противоположность этому лидеры реализуют функции, ожидаемые коллективом и самостоятельно определяют его цели. Они вдохновляют своих последователей, разделяющих их взгляды и готовых за ними идти добровольно, не взирая на трудности. Менеджерам люди обязаны подчиняться, за что и получают вознаграждение или наказание. В отличие от менеджеров лидеры не контролируют окружающих, а строят отношения с ними на основе доверия.

В коллективе, общий уровень которого ниже среднего, лидер чаще всего выступает в роли эксперта–специалиста по любым вопросам, или эмоционального центра (может подбодрить, посочувствовать, помочь). В коллективе с высоким уровнем развития лидер является, прежде всего, интеллектуальным центром, источником идей, консультантом по самым сложным проблемам. Но в обоих случаях он — интегратор коллектива, инициатор и организатор его активных

действий, образец, с которым остальные сверяют свои мысли и поступки.

Поскольку лидер выражает интересы коллектива, он является своего рода контролером, следящим за тем, чтобы конкретные действия каждого из его членов не противоречили общим интересам, не подрывали единство группы. В необходимых случаях лидер может вступить в связи с этим в конфликт с администрацией, санкционируя, даже в сфере производственной деятельности, только те ее решения, которые не противоречат интересам представляемого им коллектива.

Бороться с этим явлением практически невозможно, ибо давление на лидера вызывает лишь еще большее сплочение коллектива и его противостояние администрации. Считается, что в конфликтной ситуации при наличии возможности с лидером лучше идти на компромисс, предложив ему официальную должность, которой он обычно не имеет, но вполне заслуживает.

Проще всего это сделать тогда, когда границы формального и неформального коллектива, возглавляемого таким лидером, совпадают, и его члены ориентируются на общеорганизационные ценности. В этих условиях, лидеру, получившему должностные полномочия, будет гораздо проще управлять коллективом и до определенной степени он сможет пренебрегать интересами последнего ради целей официальной организации, на что люди, доверяя ему, согласятся. Однако при этом официальные решения приходится все же корректировать с учетом мнения коллектива, ибо злоупотреблять его доверием опасно.

Сформировалась поведенческая теория лидерства, согласно которой главную роль в деле становления лидера играют не личные качества того или иного человека, а манера его взаимоотношений с окружающими. Основным недостатком этой теории стал ее вывод о существовании некоего оптимального стиля поведения лидера, с помощью которого можно решить все проблемы, и необходимости его поиска.

Конечно, личные качества и стиль руководства являются важными моментами успеха, но более поздние исследования убедительно доказали, что решающую роль в нем могут сыграть ситуационные факторы, включающие в себя и личные качества исполнителей, и характер работы, особенности внешней среды и т. п.

УРОК 4

* * *

Все человечество делится на начальников и подчиненных. Поскольку сказать правду в глаза начальнику трудно и это требует большого мужества, смелости, то большинство подчиненных предпочитает говорить о начальнике за глаза. И вот каким предстает зачастую начальник в их глазах.

Если начальник приходит на работу вовремя:
Это он нарочно, чтобы к нам потом придираться!

Если он опаздывает:
Конечно, ему все можно!

Если спрашивает, как поживает семья сотрудника:
Вечно нос в чужие дела сует!

Если не спрашивает, как поживает семья сотрудника:
До людей ему дела нет!

Если быстро принимает решения:
Все у него наспех!

Если медленно принимает решения:
Нет у него никакой решительности!

Если обходит какие-либо постановления:
Всегда все по-своему делает!

Если придерживается постановлений:
Закостенелый бюрократ!

Если прислушивается к советам:
Сам-то и гвоздя изобрести неспособен!

Если он не прислушивается к советам:
Самоуверен и заносчив!

Если отдел, которым он руководит, хорошо работает:
Ничего удивительного, всю работу тянем мы!

Если отдел плохо работает:
Мы-то тут причем? Начальник у нас никудышный

Б. В. Раушенбах о С. П. Королеве

Работать с Королевым было трудно, но интересно. Повышенная требовательность, короткие сроки и новизна... Он всегда до тонкостей хотел знать проблемы, которые решали его сотрудники, докладывая ему тот или иной вопрос, я нередко слышал: "Не понял, повторите". Это "не понял" не каждый руководитель мог бы себе позволить, боясь уронить свой авторитет в глазах подчиненного. Но подобные человеческие слабости были совершенно чужды Сергею Павловичу. Все наши проекты находили воплощение в ракетной технике, в первую очередь, благодаря С. П., которого никто и ничто не могло остановить, если что-то было ему нужно для дела.

Время — это то, что Королев ценил больше всего, и которого вечно ему не хватало.

В новой технике, как на войне: сражение выигрывает не тот, кто подает советы, а тот, кто принимает решение...

Королев говорил, что всегда ждал подтверждающего голоса интуиции, "как третьего звонка"... Как часто он, полагаясь на интуицию, решал спорные вопросы и никогда не ошибался! Он никаким ученым не был.

Еще пишут, что он был великий инженер, — это абсолютная чепуха... потому что он мало чем занимался: нет ни одной теоремы Королева, ни одной формулы Королева. Но он обладал и еще одним удивительным свойством — при недостатке информации все-таки принимать верное решение... Опять потрясающее чутье, которое его никогда не подводило. Такое дело, каким руководил он, можно было вести только с характером Королева — характером полководца.

Сергей Павлович был великолепным психологом, не предвзято, не однобоко подходя к человеку. Не делил на "беленьких" и "черненьких", видел людей со всеми их "полосочками" и "крапушками". Это помогало ему в полной мере использовать свой талант вожака, он умел заражать своим настроением окружающих: энтузиазмом, спешкой или, наоборот, спокойствием; словом, тем, что он в этот момент считал нужным для дела.

УРОК 4

Считаю, что главным у Королева было не то, что он что-то придумал или изобрел. Я в свое время долго размышлял о Королеве и всех тех людях, которые действительно совершили крупные открытия, я бы сказал, открытия общемирового значения, и думал, как их назвать одним словом: великий ученый, великий инженер? Все это ерунда. Великих ученых много, много и великих инженеров. А эти люди были явлениями уникальными. И я, повторяю, не придумал лучшего слова, чем полководец.

Имя ученого переходит из летописи науки в историю человечества лишь при обстоятельствах чрезвычайных, когда решается новая задача, вставшая перед человечеством. Судьба Королева — главного конструктора космических кораблей — подтверждает эту мысль.

Сергей Павлович Королев

Основатель практической космонавтики. Самая крупная фигура XX века в области космического ракетостроения и кораблестроения. С выведением на орбиту первого искусственного спутника Земли в 1957 году положил начало новой эпохе в истории человечества, космической эре.

Сергей Королев — создатель советского стратегического ракетного оружия средней и межконтинентальной дальности. Его конструкторские разработки в области ракетной техники имели исключительную ценность для развития советского ракетного вооружения, а вклад в организацию и развитие практической космонавтики имеет мировое значение. С. П. Королев является создателем советской ракетно-космической техники, обеспечившей стратегический паритет и сделавшей СССР передовой ракетно-космической державой.

Дважды Герой Социалистического Труда, лауреат Ленинской премии, академик Академии наук СССР. Член КПСС с 1953 года.

Комментарии

1. **Иерархическая структура** — последовательное расположение служебных званий, чинов от низших к высшим в порядке их подчинения.
2. **Потенциальный** — возможный, вероятный. Существующий в потенции (степени мощности в каком-либо отношении).
3. **Ранг** — звание, чин.
4. **Харизма** — высокий авторитет, основанный на умении подчинять других

своей воле.

5. **Менеджер** — нанимаемый руководитель предприятия, фирмы или подразделения.

6. **Персонифицированный** — олицетворять, представлять отвлеченное понятие в человеческом образе.

7. **Предпосылки** — предварительное условие.

8. **Регламентация** — подчинить установленным правилам, ввести в определенные рамки, ограничить.

9. **Эксперт** — специалист по исследованию каких-либо вопросов, решение которых требует специальных знаний.

10. **Интегратор** — человек, способный объединить всех в единый коллектив.

11. **Санкционировать** — разрешать, утверждать.

12. **Компромисс** — соглашение на основе взаимных уступок.

13. **Не делил на «беленьких» и «черненьких»** — не делил людей на хороших и плохих, на талантливых и бесталанных.

14. **Видел их со всеми «полосочками» и «крапушками»** — видел со всеми их недостатками.

Задания

I. Ответьте на вопросы по тексту.

1. Чем различаются понятия лидер и руководитель?
2. Кто такие официальные лидеры?
3. Какими качествами должен обладать человек, претендующий на место лидера?
4. Как ведут себя классические менеджеры?
5. Как строят отношения с людьми лидеры? Кем они являются для коллектива?
6. Как ведут себя лидер и коллектив при возникновении конфликтной ситуации?
7. Что представляет собой поведенческая теория лидерства?
8. Что зачастую говорят за глаза подчиненные о начальниках?
9. Какие человеческие слабости были совершенно чужды Сергею Павловичу Королеву? Что он ценил больше всего?
10. Каким удивительным свойством обладал С.П.Королев?
11. Как С.П.Королев относился к людям, работающим с ним?
12. Почему Б.В.Раушенбах считает С.П.Королева полководцем и явлением уникальным?

УРОК 4

II. Продолжите синонимический ряд: *руководитель, лидер, менеджер…*

III. Переведите следующие словосочетания на китайский язык.

1. наделить *кого* правом
2. иерархическая структура
3. потенциальная возможность
4. легальное право
5. должностные полномочия
6. поведенческая теория лидерства
7. уронить свой авторитет
8. ракетно-космическая держава
9. служебное положение
10. первое лицо в организации

IV. Подберите к данным словам антонимы и составьте с ними предложения.

никудышный
заносчивый
закостенелый
самоуверенный
мелочный
пассивный
придирчивый

V. Перефразируйте следующие предложения:

1. Лидер становится предметом для подражания не специально.
2. Лидер — лицо, принявшее на себя добровольно большую ответственность, чем предписано должностью.
3. Лидер, выражая интересы коллектива, является контролером.
4. Сражение выигрывает не тот, кто подает советы, а тот, кто принимает решения.
5. Королев был великолепным психологом, не предвзято, не однобоко подходил к человеку.
6. Он не делил людей на «беленьких» и «черненьких», видел людей со всеми их «полосочками» и «крапушками».
7. Ничем не прикрепленные благие пожелания.

VI. Составьте фразы или микротексты с данными выражениями:

1. выходить из тупика
2. заводить *кого* в тупик
3. совать нос в чужие дела
4. дела нет *до кого-чего*
5. говорить за глаза
6. говорить в глаза
7. все делать наспех
8. закостенелый бюрократ

VII. Самостоятельная организация семинара по переводу с китайского на русский.

Примечание: данное задание выполняется самими учащимися или под руководством преподавателя. В задании даются опорные слова, словосочетания или выражения. Учащиеся составляют фразы или микротексты на китайском языке, после чего проводится семинар или специальные групповые практические занятия по переводу с китайского на русский язык. Ниже даны опорные слова по группам А, Б, В соответственно определенной тематике:

А:

听取别人意见 (прислушиваться к советам других)

用自己的良好情绪感染周围的人 (заряжать своим положительным настроением окружающих)

有号召力 (обладать харизмой)

使所有认识的人对自己有好感 (располагать к себе всех знакомых)

发挥主动性 (проявлять инициативу)

有协作精神，乐于互助 (склонен (-а) к сотрудничеству и взаимной поддержке)

敢于当面讲实话 (говорить правду в глаза)

不卷入不必要的纷争 (не вступать в ненужный конфликт)

Б:

社会环境 (социальная среда)

必要的先决条件 (необходимые предпосылки)

满足需求 (удовлетворение потребностей)

给予行使职务的权力 (дать должностные полномочия)

在具备可能性的情况下 (при наличии возможности)

在发生冲突的情况下 (в конфликтной ситуации)

滥用别人的信任 (злоупотреблять доверием других)

对负责人施加压力 (оказывать давление на руководителя)

C:

在信息匮乏的情况下做出正确的判断 (при недостатке информации принимать верное решение)

出色的心理学家 (быть великим психологом)

特别详细的了解 (знать что-нибудь до тонкостей)

具有世界意义的发现 (открытие общемирового значения)

最大限度地发挥自己的天赋 (в полной мере использовать свой талант)

具有惊人的特性 (обладать удивительным свойством)

极强的辨别能力 (потрясающее чутье)

VIII. Составьте психологическую характеристику человека, который не способен быть лидером.

IX. Составьте резюме на одного из своих однокурсников, коллег или знакомых.

УРОК 5

Рыночная экономика в России

Текст 1

Сущность и основные черты

Говоря о современном положении дел в экономике России, невозможно не затронуть тот факт, что она переживает грандиозные перемены. В декабре 1991 года Российская Федерация вместе с другими республиками бывшего Советского Союза вступила на путь самостоятельного существования. В области внешней и внутренней политики российское руководство определило несколько приоритетных задач. Первая из них — глубокая реформа экономики, переход к рыночным методам хозяйствования.

Известно, что в наследие от Советского Союза с его плановым ведением хозяйства России досталась не только экономика в плачевном состоянии, но и громадный внешний долг. За последние годы российская экономика претерпела множество самых разных изменений. Какие-то из них пошли ей на пользу, а какие-то нет. Не будет тайной, что при переходе к рыночным отношениям необходимы четкие и продуманные решения. К сожалению, Правительство России во главе с Президентом не всегда принимало именно такие решения.

В связи с переходом к рынку необходима интеграция российской экономики в мировое хозяйство, что предполагает некоторую либерализацию внешнеэкономической деятельности. Хотя рыночная экономика и многозначное понятие, главный ее признак все же можно выделить. Это принцип свободы хозяйственной деятельности.

Естественно, экономическая свобода, как и политическая, социальная, духовная, нравственная, ограничена общественно устанавливаемыми пределами, не позволяющими ей вылиться в анархию, превратиться в средство необузданного экономического произвола. Без системы общественных ограничений свобода

УРОК 5

одних станет засильем для других. Но в то же время наличие ограничений не свидетельствует, что в условиях их действия свобода заключена в заранее заданные рамки.

Главный принцип рыночной экономики декларирует право любого хозяйствующего субъекта, будь то человек, семья, группа, коллектив предприятия, выбирать желаемый, целесообразный, выгодный, предпочтительный вид экономической деятельности и осуществлять эту деятельность в любой, допускаемой законом форме. Закон же призван ограничивать и запрещать те виды экономической и хозяйственной деятельности, которые представляют реальную опасность жизни и свободе людей, общественной стабильности, противоречат нормам морали. Все остальное должно быть разрешено как в форме индивидуальной трудовой, так и в ее коллективных и в государственных формах деятельности.

Таким образом, в рыночной экономике действует следующий исходный принцип:

"Каждый субъект вправе избирать для себя произвольную форму экономической, хозяйственной деятельности, кроме запрещенных законом, ввиду их общественной опасности".

Аргументы в пользу рыночной экономики

Основной экономический аргумент в пользу рыночной системы состоит в том, что она способствует эффективному распределению ресурсов. Согласно этому тезису, конкурентная рыночная система направляет ресурсы в производство тех товаров и услуг, в которых общество больше всего нуждается. Она диктует применение наиболее эффективных методов комбинирования ресурсов для производства и способствует разработке и внедрению новых, более эффективных технологий производства. Короче говоря, поборники рыночной системы доказывают, что "невидимая рука", таким образом, управляет личной выгодой, что она обеспечивает общество производством наибольшего количества необходимых товаров из имеющихся ресурсов. Это, следовательно, предполагает максимальную экономическую эффективность. Именно эта презумпция эффективности распределения заставляет большинство экономистов сомневаться в необходимости правительственного вмешательства в функционирование свободных рынков, или правительственного регулирования их операций, за исключением тех случаев, когда такое вмешательство становится вынужденным.

Важным неэкономическим аргументом в пользу рыночной системы служит то обстоятельство, что она делает ставку на роль личной свободы. Одна из фундаментальных проблем организации общества заключается в том, как координировать экономическую деятельность множества индивидов и предприятий.

Известно, что существует два способа осуществления такой координации: один — это централизованное использование мер принуждения; другой — это добровольное сотрудничество через посредничество рыночной системы.

Лишь рыночная система способна координировать экономическую деятельность без принуждения. Рыночная система предоставляет свободу предпринимательства и выбора; естественно, на этой основе она и преуспевает. Предпринимателей и рабочих не перегоняют по правительственным директивам из одной отрасли в другую, чтобы обеспечить выполнение производственных заданий, установленных каким-либо всемогущим Правительственным ведомством. Напротив, при рыночной системе они свободно могут добиваться увеличения собственной выгоды, с учетом, конечно, вознаграждений и наказаний, которые они получают от самой рыночной системы.

Подведем итог: конкурентная рыночная система, как утверждают ее сторонники, способствует эффективности распределения ресурсов и личной свободе.

Аргументы против рыночной экономики.

Аргументация против рыночной системы несколько более сложна. Критики рыночной экономики обосновывают свою позицию следующими доводами. Угасание конкуренции. Критики утверждают, что капиталистическая идеология допускает и даже стимулирует угасание своего главного контрольного механизма –конкуренции. Они полагают, что существует два основных источника ослабления конкуренции как контрольного механизма.

Во-первых, хотя с общественной точки зрения конкуренция желательна, она больше всего досаждает индивидуальному производителю своей безжалостной действительностью. Свободной, индивидуалистической среде в капиталистической системе якобы присуще то, что предприниматели в погоне за прибылью и в стремлении улучшить свои экономические позиции пытаются освободиться от ограничительных пут конкуренции. Слияние фирм, тайные сговоры компаний — все это способствует ослаблению конкуренции и уклонению от ее регулирующего воздействия.

Во-вторых, некоторые экономисты утверждают, что сам технический прогресс,

УРОК 5

который рыночная система поощряет, способствовал упадку конкуренции. Новейшая технология, как правило, требует: использования очень больших количеств реального капитала; крупных рынков; комплексного, централизованного и строго интегрированного рынка; богатых и надежных источников сырья. Такого рода технология означает необходимость в существовании фирм – производителей, являющихся крупномасштабными не только в абсолютных величинах, но также и по отношению к размерам рынка. Иными словами, достижение максимальной эффективности производства на основе применения новейшей технологии часто требует существования небольшого числа относительно крупных фирм, а не большого числа относительно мелких.

Но существуют и другие доводы против признания эффективности рыночной системы. Это — неравное распределение дохода. Критики - социалисты, в числе прочих, утверждают, что рыночная система позволяет наиболее способным, или ловким, предпринимателям накапливать огромное количество материальных ресурсов, причем право наследования с течением времени усиливает этот процесс накопления. Такой процесс, помимо количественных и качественных различий в людских ресурсах, поставляемых домохозяйствами, порождает в рыночной экономике чрезвычайно неравное распределение денежных доходов. В результате семьи резко различаются между собой по способности реализовать свои потребности на рынке.

Текст 2

Другая жизнь
(Письмо одной москвички)

Каждый вечер, по старой привычке, составляю список расходов за день. Сегодня вышло не очень много: девять тысяч пятьдесят — в овощном, двенадцать тысяч триста сорок — в молочном (были там хорошие сосиски — не могла не купить), еще четыре восемьсот — в хлебном: чай кончился — взяла две пачки, пирожное — сыну; еще три двести — альбом для рисования, полторы — два карандаша, точилка и ластик. Для прошлой моей жизни (а я девять лет была учительницей, преподавала в школе русский язык и литературу) сегодняшние мои расходы — целое состояние. Но теперь у меня другая жизнь, и мне не страшно смотреть на витрины магазинов, не страшно, что завтра придется платить за урок английского языка (10 долларов) и за неделю занятий в секции каратэ (еще 10). Да, мои вчерашние коллеги берут теперь за уроки только в твердой валюте, и я их не осуждаю, ведь у них тоже семьи.

Моя семья распалась несколько лет назад, муж уехал к новой жене в другой город. Сначала я думала, что справлюсь одна, ведь я не представляла, что наступит время, когда мне буквально не на что будет кормить ребенка. Как ни экономь, как ни крутись — не хватает. Хорошо еще школа, куда ходит мой сын, бесплатная. Но форма, форма спортивная, учебники, завтраки (ученику, оказывается, довольно много надо)и прочее. На это уходила вся моя зарплата. А ведь дети еще и в кино любят ходить, хотят мороженое иногда съесть. И знание иностранного языка в наше время необходимо, а это частные уроки и деньги. Двое мальчиков из класса, где учится мой сын, почти не ходят в школу: по утрам продают газеты, моют машины. Необеспеченные семьи...

После долгих мук, отложив Чехова и Бунина, я встала к прилавку — торгую кофточками, бельем, кроссовками на Дорогомиловском рынке. Устроила знакомая «челночница». Поначалу было стыдно и страшно, что увидит кто-нибудь из бывших учеников. Потом привыкла. Люди здесь работают в основном неплохие, много бывших библиотекарей, инженеров. Мы, конечно, сделали все, чтобы наши дети не голодали, но обидно...

Текст 3

Золотая клетка
(Из жизни жен "новых русских")

... У них в доме есть домработница, за детьми смотрит няня, хозяйство ведут специально нанятые люди, да еще охрана. «Но наличие прислуги не освобождает от необходимости руководить. Вот от этой работы я его и освобождаю — у него хватает дел и без того. Я создаю ему условия, чтобы он нормально жил и работал», — говорит жена одного из самых удачливых бизнесменов.

Чем она занята? — Она как бы менеджер быта: интерьер, закупки, ремонт, контроль за прислугой, дети, школа, врачи. Хозяйка большого дома и большого хозяйства.

Как у них с деньгами? — Богатые на доме не экономят, их жены получают по потребностям.«Но не думайте, что если он не спрашивает, то и не помнит о моих тратах. Иначе, какой он был бы коммерсант?»

УРОК 5

Бывают ли ссоры? — Это как у всех. «Что ж, иногда нужно демонстрировать покорность. Его дела, его напряженная жизнь, конечно, влияют на поведение дома. Его тоже можно понять».

Все зависит от характера — убеждены женщины. Как выяснилось, наличие больших средств ничего в этом плане не меняет: что заложено в человеке, то и остается.

Почти у всех этих женщин проблемы с подругами. Слишком велики оказываются классовые различия — настоящие классовые, как по Марксу — Энгельсу. «В те магазины, где я делаю покупки, они не ходят, то, что их интересует, от меня далеко, мои проблемы им непонятны...» Люди вращаются на разных орбитах, и той, которая бежит с работы в магазин, а потом сама на всю семью готовит, едва ли понять проблемы той, у которой личный шофер и садовник. Незаметно подкравшийся к нам капитализм разъединяет многих, вчера еще равных друг другу.

Похоже, что жены «новых русских» обречены на одиночество. Одиночество дома, в свете, в обществе, даже в обществе себе подобных, потому что там все такие же одинокие.

Однако богатые женщины от одиночества, кажется, не плачут. Оказывается, самое тяжелое для них — это «состояние несвободы, постоянные ограничения даже при наличии возможностей», — высказывается одна из них. Обстановка нашей страны для богатых неуютна. «Ты все время под колпаком зависти и корысти, надеваешь потертые джинсы, куртку, чтобы не выделяться в толпе, оглядываешься назад, когда едешь в автомобиле, ты боишься за детей, за мужа, за себя...»

Наше общество еще не привыкло к богатству, богатство еще слишком контрастно, и на него слетаются и те, кто просит, и те, кто требует.

И когда соотнесешь этот выигрышный билет и постоянное напряжение, эту виллу и твоего охранника с автоматом, этот Париж и ребенка, возвращающегося из школы в сопровождении телохранителя, то невольно вспомнишь чьи-то слова: «Добывая богатство, мы куем себе золотую клетку».

Комментарии

1. **Презумпция эффективности** — признание факта, дающего эффект, действенного.

2. **Делать ставку на роль личной свободы** — рассчитывать, ориентироваться в своих действиях, поступках, планах на личную свободу.

3. **Досаждать индивидуальному производителю** — надоедать; сердить единоличного производителя.

4. **Интегрированный рынок** — объединенный рынок.

Задания

I. Ответьте на вопросы по тексту.
   1. Какие грандиозные перемены произошли в России с 1991 года?
   2. Какие главные задачи нужно было решать?
   3. В связи с переходом к рынку, главный принцип которого свобода хозяйственной деятельности, что нужно было делать в первую очередь?
   4. В каких случаях свобода может вылиться в анархию?
   5. Какие права декларирует рыночная экономика и что призван делать закон?
   6. Какой исходный принцип действует в рыночной экономике?
   7. Какие экономические аргументы приводятся в статье в пользу рыночной экономики?
   8. Какой важный неэкономический аргумент приводится в пользу рыночной экономики?
   9. На какой основе преуспевает рыночная система?
   10. Какие аргументы выдвигаются против рыночной системы?
   11. Почему, на взгляд противников рыночной экономики, технический прогресс способствует упадку конкуренции?
   12. Что утверждают критики–социалисты?
   13. Почему учительнице пришлось поменять работу?
   14. Легко ли она приняла это решение?
   15. Как она живет теперь?
   16. Чем занята жена «нового русского»?
   17. Почему у жены «нового русского» проблемы с подругами?
   18. Почему богатая женщина не чувствует себя счастливой?
   19. Почему автор назвал текст «Золотая клетка»?

II. Пользуясь словарем, подберите к данным словам синонимы и составьте с ними словосочетания: *претерпеть, либерализация, анархия, засилье, поборник, презумпция, индивид, путы.*

III. В доме "нового русского" содержится штат прислуги: *домработница, няня, шофер, садовник, охранник*. В чем заключается работа этих людей? Какие работники подобного рода здесь не названы?

IV. Как вы понимаете выражения:

1. Менеджер быта.
2. Слишком велики классовые различия.
3. Люди вращаются на разных орбитах.
4. Незаметно подкравшийся капитализм разделяет многих, вчера еще равных.
5. Богатство разделяет многих.
6. Жить под колпаком.
7. Не в деньгах счастье.
8. Обосновать свою позицию.
9. Диктовать наиболее эффективные методы.

V. Переведите следующие фразы на китайский язык.

1. В декабре 1991 года Российская Федерация вместе с другими республиками бывшего Советского Союза вступила на путь самостоятельного существования.
2. Не будет тайной, что при переходе к рыночным отношениям необходимы четкие и продуманные решения.
3. Хотя рыночная экономика и многозначное понятие, главный ее признак все же можно выделить. Это принцип свободы хозяйственной деятельности.
4. В рыночной экономике действует следующий исходный принцип: «Каждый субъект вправе избирать для себя произвольную форму экономической хозяйственной деятельности, кроме запрещенных законом, ввиду их общественной опасности».
5. Поборники рыночной системы доказывают, что «невидимая рука», таким образом, управляет личной выгодой, что она обеспечивает общество производством наибольшего количества необходимых товаров из имеющихся ресурсов.
6. Некоторые экономисты утверждают, что сам технический прогресс, который рыночная система поощряет, способствует упадку конкуренции.
7. Критики-социалисты, в числе прочих, утверждают, что рыночная система позволяет наиболее способным или ловким предпринимателям

накапливать огромное количество материальных ресурсов, причем право наследования с течением времени усиливает этот процесс накопления.

VI. Вспомните список расходов, который по привычке составляет учительница каждый день. Откуда у нее такая привычка? Составьте список своих расходов за неделю.

VII. Как устраиваются люди, чтобы выжить? Какую информацию вы получили о жизни неполной семьи из этого текста?

VIII. Составьте небольшой рассказ о дальнейшей судьбе этой учительницы и ее сына.

IX. Составьте схему, в которой, опираясь на текст, отметьте положительное в переходе на рыночную экономику и все, что против рыночной экономики.

X. Проведите беседу на тему «В чем счастье человека?».

Урок 6

25-летние: о чем они переживают

В двадцать с небольшим лет большинство из нас начинают взрослую жизнь: закончено образование, появляется работа, своя семья, первые дети... Но если 50 лет назад взрослыми считали себя 65% 30-летних мужчин и 77% женщин этого возраста, то сейчас только 31% и 46%*. Большинство же признаются в том, что разочарованы, переживают нерешительность, страх, чувствуют скуку и растерянность. «Кризис вхождения во взрослость», «ранний переходный возраст» — так психологи определяют это непростое время. Но чаще всего именуют его «кризисом четверти жизни» — этот термин вошел в обиход благодаря двум 25-летним американкам, авторам книги «Кризис четверти жизни: уникальные жизненные испытания тех, кому за 20». Тема оказалась актуальной для миллионов вчерашних выпускников не только в США, но и во Франции, Италии, Германии: книга стала международным бестселлером. В России та же тема вызывает не менее пристальный интерес тех, кому за двадцать, а также... возрастных психологов, к которым все чаще обращаются за советом люди этого возраста.

Основные идеи

- Он остается в тени, хотя кризис 25-летних затрагивает важные стороны их жизни и причиняет боль.
- Это период переустройства, переосмысления себя и выработки новых жизненных приоритетов.
- Можно пережить его с пользой, ведь именно кризис заставляет нас искать контакт с собой, воспринимать себя реалистичным и решать внутренние проблемы.

Конец подростковым мечтам и метаниям: в возрасте от 20 до 30 лет молодые мужчины и женщины должны определиться с выбором себя и своей судьбы. Эта встреча лицом к лицу с реальностью не всегда проходит гладко и уже получила название — «кризис четверти жизни».

Можно пережить его с пользой, ведь именно кризис заставляет нас искать контакт с собой, воспринимать себя реалистичней и решать внутренние проблемы.

Переживания 25-летних долгое время оставались в тени более «громких» переломных периодов — кризисов подросткового и среднего возраста. Возможно, потому, что они не столь заметны окружающим. Но, как и любой кризис, этот затрагивает наиболее значимые стороны жизни (профессиональной, личной) и причиняет боль. **27-летнему Олегу** понадобилось несколько лет, чтобы найти свой уникальный ключ к взрослой жизни: «Мне было нелегко осознать, что советы отца и забота матери не сделают меня счастливым. Я сам должен отвечать за то, что со мной происходит, за свои разочарования, успехи и неудачи». Путь к пониманию этого оказался долгим и оставил в его душе немало шрамов. Олег пытался приспособиться к образу жизни, который навязывали ему родные: окончив мединститут, он пришёл работать в семейную фирму. «Днём я просиживал штаны в отцовском офисе и откровенно скучал, — вспоминает он. — Моя настоящая жизнь начиналась вечером, когда мы с друзьями шли в клуб, слушали музыку, обсуждали новые диски». Через полтора года такой «двойной жизни» Александр ушёл «от отца» в крупную звукозаписывающую компанию. «Изнутри музыкальная индустрия выглядит не так здорово, — говорит он, — но всё же здесь я чувствую себя гораздо комфортнее».

26-летняя Лика также остро ощущает контраст между собственными ожиданиями и реальностью: «Я всегда была уверена, что к 25 буду жить на Невском, у меня будет умный и успешный бой-френд и своя программа на телевидении, — признаётся она. — Сейчас я работаю в новостях на кабельном телеканале, а большую часть моей зарплаты съедает аренда „однушки" в спальном районе, в которой я живу одна. Мне всё чаще кажется, что молодость проходит, а я так ничего и не могу добиться...»

Чувства Олега и Лики сильны и искренни. «Но многие из тех, кто принадлежит к более зрелому возрасту, в том числе и родители 20-летних, в своих оценках ситуации весьма критичны и даже ироничны, — говорит психолог Сергей Степанов. — Переживания юных взрослых им кажутся капризами избалованных детей. Для поколения родителей наличие прилично оплачиваемой работы, скромный, но постепенно растущий достаток служат свидетельством того, что жизнь удалась. Ведь многие в юности были лишены этого».

Если вам знакома хотя бы половина перечисленных ситуаций, значит, «кризис четверти жизни» не обошёл вас стороной.

- Вы закончили престижный вуз, но продолжаете перебиваться временными

подработками, утешаясь тем, что «Есть диплом, и слава богу! »
- Вы скучаете на работе. Вы скучаете без работы.
- Вы скучаете с другом (подругой). Вы скучаете без него (нее).
- Вы впервые говорите себе:«Я уже не молод(а)».
- Вы привыкли часто менять партнеров, но впервые задумываетесь: не пора ли определиться?
- Вы — молодая женщина, встает вопрос о детях. Вы — молодой мужчина, у вас появилась первая седина.
- У вас много временных работ — интересных или необходимых только для денег. Вы спрашиваете себя, не пора ли остановиться на какой-то одной области.
- Ваш младший брат (лучший друг) женился, устроился на постоянную работу, взял ипотечный кредит, завел детей. Вы чувствуете, что вас обошли.

1. Разлука с родителями

Перед молодыми открыты многие возможности: можно работать в банке или играть рок-н-ролл, жениться или порхать от романа к роману. Однако неизбежно наступает момент, когда предстоит определиться с выбором, а значит, отказаться от всех вариантов, кроме одного. И опираться при этом придется лишь на собственные желания — символические ориентиры, которыми прежде служили мать и отец, уже не имеют былого значения. «Понимаю, что пока передо мной множество дорог, — говорит Лика, — но выбрать-то нужно одну! Потом переиграть будет сложно, если возможно вообще».

По мнению психоаналитика Татьяны Алавидзе, отчасти этот страх перед выбором объясняется поведением родителей. Многие из них не готовы остаться один на один с собой и всячески оттягивают разлуку. «Прямо или обходными приемами они фактически продолжают вмешиваться в жизнь своих детей, диктуя, где тем следует работать или с кем проводить время, — уточняет Татьяна Алавидзе. — Этому способствует и их финансовое участие в жизни детей. А в результате они искусственно задерживают взросление сына или дочери». «Важно различать самостоятельность психоэмоциональную и материальную, — уточняет Стефан Клерже. — Нередко выпускник или молодой специалист продолжает зависеть от родителей в бытовом плане, сохраняя при этом внутренний иммунитет и независимость в принятии ключевых решений. Здесь нет прямой связи».

2. Оценка 25-летнего рубежа

Многие считают, что он был очень полезен, поскольку к 30 годам молодежь сумела разобраться с главными вопросами собственной идентичности. В отличие от своих родителей и дедов они имеют возможность разгадать свои истинные желания и заглянуть в глубины собственной души до того, как вступить в брак или начать карьеру.

3. Мудрость жизни

В китайском языке слово «кризис» состоит из двух иероглифов — «опасность» и «возможность»: так дошла к нам уверенность древних в том, что в каждой проблемной ситуации заложено не только разрушение старого, но и созидание нового. Не нужно бояться возрастного кризиса, в нем заложены культура развития и мудрость жизни. Важно научиться слушать свой кризис, изучать его, ведь именно он заставляет нас искать контакт с самим собой, позволяет обрести психологическую целостность, начать воспринимать себя реалистично и в результате разрешить многие внутренние конфликты при позитивном выходе из него.

«Реальность стала для меня шоком»
Илья, 27 лет, помощник нотариуса

«Я не любил школу: мою жизнь отравляла сама необходимость туда ходить, подчиняться чужим идиотским правилам... Но я знал: все это кончится, я выйду на свободу и начну наконец жить так, как хочу. Получив профессию юриста, я надеялся быстро сделать карьеру и начать хорошо зарабатывать. Но все получилось не так. Работа стала для меня шоком: я вновь чувствую себя школяром, который только осваивает азы далекой взрослой жизни. Я опять учусь с нуля, выстраиваю отношения, зарабатываю репутацию...похоже, придется долго ждать, когда же мои усилия, моя профессия начнут приносить хоть какие-то плоды».

«Мне трудно сделать выбор»
Ольга, 26 лет, автор-исполнитель

«После института я работала бухгалтером в крупной компании. Зарплата, перспективы — но я ненавидела эту работу и в какой-то момент не выдержала, уволилась. Пока сижу дома, сочиняю песни. Ведь я об этом мечтала — жить музыкой! Но вот на что жить? Мама твердит, чтобы я взялась за ум. Но что мне выбрать:идти работать или продолжать петь? То же и в личной жизни — мы с моим парнем встречаемся уже восемь лет,но я не могу решиться начать жить вместе».

УРОК 6

«Я завидую тем, кто моложе меня»
Фарид, 29 лет, госслужащий

«Я только что расстался со своей девушкой и вернулся к родителям. Тут никакого хозяйства, покупок, обязательств и прочей „взрослой жизни"! Друзья женятся, заводят детей, а мне совсем не хочется. Я завидую тем, кому сейчас 18 — 20 лет. Для меня это было прекрасное время — такое свободное... Спокойно я чувствую себя только в компании более взрослых людей — их общество напоминает мне о том, что я все еще молод».

«Боюсь, что будет поздно»
Елена, 25 лет, менеджер

«У меня все прекрасно: работа в целом устраивает, машину помогли купить родители, небольшая квартира — от бабушки... Но я живу в тревоге. До сих пор жизнь была распланирована на несколько лет вперед: закончить институт, съехать от родителей, найти работу... И вдруг все эти этапы закончились. А что дальше? Я понимаю, есть много разных возможностей: можно бросить работу, *автостопом проехать по Европе*, научиться прыгать с парашютом, поступить на философский. В принципе возможно все... Но я не знаю, чего я хочу, а ведь еще несколько лет — и будет поздно».

4. Имеют ли они право на счастье?

Мы привыкли, что к психологам обращаются за помощью те, кому трудно и сложно живется. Но есть множество людей, у которых все в жизни складывается хорошо, благополучно, удачно, — и тем не менее они никак не могут почувствовать себя счастливыми. Давно известно, что успех может приблизить счастье, способствовать его наступлению, но гарантировать нам счастье он не может.

«Недавно я понял, — пишет 23-летний Александр, — что мне никогда не удается быть счастливым, потому что в глубине души я убежден, что не заслуживаю в жизни счастья. Можно ли изменить эту привычную мысль и превратить ее в противоположную: да, я имею право на счастье?»

Не все могут сформулировать для себя эту проблему настолько четко, но многие страдают от того, что запрещают себе быть счастливыми, сами себе ограничивают — более или менее бессознательно — доступ к счастью. У них есть ощущение, что они его не заслужили.

Может быть, дело в *своеобразном мазохизме*? Но чаще всего он тут ни при чем: настоящая жажда страдания вещь на самом деле очень редкая. Как правило, несостоявшееся счастье— результат накопившихся психологических

ошибок, очень банальных и очень давних, которые уже успели превратиться в рефлексы. Дурные привычки (в ситуации больших и маленьких трудностей поддаваться меланхолии и чувствовать «сладостную грусть»), упорные заблуждения («все равно ничего не выйдет», «зачем?»), склонность тревожиться («я боюсь счастья, потому что мне будет слишком больно, когда оно кончится»), перфекционизм (беспредельное счастье — на меньшее я не соглашусь) и так далее...

К счастью, эти автоматические реакции можно преодолеть, работая в двух направлениях. Сначала определить, в чем причина проблемы (у родителей тоже не получалось быть счастливыми; не хватало любви в детстве; слишком строгое воспитание; болезненные жизненные события...). А потом понять, что счастье можно построить, и заниматься этим каждый день: научиться управлять своими отрицательными эмоциями (хандрой, раздражительностью, тревожностью), растить в себе восприимчивость к маленьким удовольствиям и вообще ухаживать за своим «садом счастья». Кажется, так каждый сможет убедить себя в том, что у него есть право на счастье. Не потому, что мы этого заслуживаем, а просто потому, что все мы — люди.

Комментарии

1. **Часть моей зарплаты съедает аренда «однушки» в спальном районе** — часть зарплаты уходит на оплату арендуемой однокомнатной квартиры в спальном районе.

2. **Взять ипотечный кредит** — ссуда, выдаваемая под залог недвижимого имущества; залог недвижимого имущества под такую ссуду.

3. **Порхать от романа к роману** — вести легкую, праздную жизнь, часто менять любовные отношения с мужчинами.

4. **Опираться при этом придется лишь на собственные желания — символические ориентиры, которыми прежде служили мать и отец, уже не имеют былого значения** — основываться только на собственные желания, а родители, которые служили опорой в жизни, направляли вашу деятельность, уже не соответствуют требованиям, условиям реальной действительности.

5. **Осваивать азы** — изучать начальные сведения, основы чего-либо.

6. **Автостопом проехать по Европе** — использование туристами попутных машин для проезда части пути. <Автостопом, в зн. нареч. *Путешествовать а.*>.

УРОК 6

7. **Своеобразный мазохизм** — получение морального удовлетворения от причинения себе нравственных страданий; самоистязание.

8. **Перфекционизм** — (от англ. perfection — совершенство) — о возможности для человека достичь совершенства и освободить свою природу от греха. Убежденность в том, что совершенствование, как собственное, так и других людей, является той целью, к которой должен стремиться человек. Это подсознательное требование к себе.

Задания

I. Ответьте на вопросы по тексту.

1. Как психологи определяют время вхождения во взрослость?
2. Каковы основные идеи этого времени?
3. Какой свой уникальный ключ ко взрослой жизни нашел 27-летний Олег?
4. Какой оказалась реальность для 26-летней Лики?
5. Как оценивают эту ситуацию люди более зрелого возраста и родители?
6. Как проверить, что «кризис четверти жизни» не обошел вас стороной?
7. Какие отношения складываются у 25-летних с родителями?
8. В чем уверенность древних? Как она помогает?
9. Какие проблемы появились у Ильи, Ольги, Фарида, Елены? Что в их проблемах общего?
10. Что такое несостоявшееся счастье, и как стать счастливым?

II. Объясните следующие словосочетания и составьте с ними фразы.

1. встреча лицом к лицу *с кем-чем*
2. оставаться в тени
3. найти ключ *к кому-чему*
4. просиживать штаны
5. обойти *кого*
6. осваивать азы *чего*
7. символические ориентиры

III. В чем разница между словами-паронимами? Паронимы — однокоренные слова, разные по значению, но сходные, хотя и не тождественные по звучанию. Проверьте по словарю значения следующих слов и составьте с

ними предложения.

1. реалистичный — реалистический,
2. значимый — значительный,
3. символический — символистичный (символистический),
4. искусственный — искусный,
5. идиотский — идиотический (идеотичный),
6. автоматический — автоматичный (автоматный).

IV. Определите значения данных слов, обратите внимание на способ их образования.

переустройство
переосмысление
перебиваться
иммунитет
идентичность
автостоп
мазохизм
восприимчивость

V. Прочитайте следующие фразы, замените выделенные в них сочетания и слова контекстуальными синонимами.

1. Путь оказался долгим и **оставил в его душе немало шрамов**.
2. Через полтора года такой **«двойной жизни»** он ушёл «от отца».
3. Большую часть моей зарплаты **съедает аренда** «однушки».
4. Вы продолжаете **перебиваться временными подработками**.
5. Можно работать, жениться или **порхать от романа к роману**.
6. Потом **переиграть будет сложно**, если возможно вообще.
7. Они имеют возможность **заглянуть в глубины собственной души**.
8. Мама твердит, чтобы я **взялась за ум**.

VI. Согласны ли вы с данными высказываниями. «Да» или «Нет». Обоснуйте свою точку зрения.

1. Однако неизбежно наступает момент, когда предстоит определиться с выбором, а значит, отказаться от всех вариантов, кроме одного.
2. В китайском языке слово «кризис» состоит из двух иероглифов — «опасность» и «возможность»: так дошла к нам уверенность древних в том,

УРОК 6

что в каждой проблемной ситуации заложено не только разрушение старого, но и созидание нового.

3. Давно известно, что успех может приблизить счастье, способствовать его наступлению, но гарантировать нам счастье он не может.

4. Как правило, несостоявшееся счастье — результат накопившихся психологических ошибок, очень банальных и очень давних, которые уже успели превратиться в рефлексы.

5. Счастье можно построить и заниматься этим каждый день: научиться управлять своими отрицательными эмоциями (хандрой, раздражительностью, тревожностью), растить в себе восприимчивость к маленьким удовольствиям и вообще ухаживать за своим «садом счастья». Кажется, так каждый сможет убедить себя в том, что у него есть право на счастье.

VII. Как вы понимаете эти фразы? Объясните своими словами.

1. Это период переустройства, переосмысления себя и выработки новых жизненных приоритетов.

2. Переживания 25-летних долгое время оставались в тени более «громких» переломных периодов — кризисов подросткового и среднего возраста.

3. Вы чувствуете, что вас обошли.

4. Для поколения родителей наличие прилично оплачиваемой работы, скромный, но постепенно растущий достаток служат свидетельством того, что жизнь удалась.

5. Переживания юных взрослых им кажутся капризами избалованных детей.

6. Многие из них не готовы остаться один на один с собой и всячески оттягивают разлуку.

7. Я опять учусь с нуля, выстраиваю отношения. Зарабатываю репутацию... похоже, придется долго ждать, когда же мои усилия, моя профессия начнут приносить хоть какие-то плоды.

VIII. Найдите в тексте эквиваленты следующих словосочетаний и выражений. Придумайте ситуации и составьте микротексты с данными словосочетаниями и выражениями.

引起持久的关注
自己的期待与现实之间的反差
努力适应别人强加于自己的生活方式
学会控制自己的不良情绪

重新安排生活与重新认识自己的阶段
男朋友
强烈而真挚的情感
干预子女的生活
求助于心理学家
不良习惯

Урок 7

Свадьба не может пройти незаметно

аналитик Татьяна Ребеко

— **Почему мы ждем от свадьбы чего-то особенного, необыкновенного?**

Ритуал бракосочетания — один из первых в нашей жизни обрядов инициации, праздник обновления, переходу к новому жизненному этапу. Поэтому мы и придаем ему такое исключительное значение: этот день для нас особенный и непременно торжественный.

— **Чем объясняется тот факт, что свадьба нередко приносит много разочарований?**

В мечтах совместная жизнь — это всегда радость и удовольствие. На самом деле брак — это и конъюнкция, соединение противоположностей, единство и борьба мужского и женского. И все это для того, чтобы в общении с партнером, в преодолении трудностей мы обрели себя.

Лишь в день свадьбы мы начинаем по-настоящему ощущать, что брак — не просто приятная прогулка. Во время церемонии — в церкви, ЗАГСе, мечети, синагоге — мы смотрим на свою (вновь обретенную половину) иными глазами — как на человека, с которым нам предстоит не только делить удовольствие, но и подвергаться испытаниям. А к этому большинство из нас не совсем готово. Кроме того, любое отступление от ожидаемого счастливого сценария — нелепая случайность, неловкий тост — выбивает нас из колеи, провоцирует фрустрацию.

— **Некоторые пары, много лет живущие вместе, отказываются регистрировать брак. Они чего-то боятся?**

Сознательно или нет, партнеры стараются себя подстраховать, не желая печального повторения того, что видели, к примеру, в семье своих родителей, друзей или в своем предыдущем браке.

— **То есть регистрация брака все же не пустая формальность?**

Конечно, нет. Свадьба — сакральный момент: пусть даже вы пришли на регистрацию в джинсах, но ритуал соединения ваших судеб не может пройти

63

незаметно. Мы хихикаем, когда некая женщина в ЗАГСе желает нам счастья, ее формулировки могут казаться кондовыми, но все равно каждый испытывает волнение. Даже если бы мы очень хотели остаться безразличными, нам бы это вряд ли удалось.

Самый счастливый день

«Согласны ли вы взять в супруги... » Конечно! И этот день станет самым счастливым днем нашей жизни. Мы ждем этого, потому что... так принято. А что происходит в нашей душе на самом деле?

Перед нами четыре свидетельства людей, которые согласились рассказать о том, что они действительно переживали в день своей свадьбы. Они вспоминают о нем по-разному: с иронией, юмором или грустью... но только не равнодушно.

Людмила, 12 сентября 2008 год

«Мне столько раз снилась моя будущая свадьба! Я все продумала до деталей — хотела, чтобы этот день был незабываемым, — вспоминает 28-летняя Людмила. — А накануне умерла кошка, которая прожила в нашей семье 14 лет... Во время церемонии все думали, что я расчувствовалась от восторга, а я рыдала из-за Муськи». Сколько невест и женихов во время свадьбы, как и Людмила, должны были «делать лицо», стараясь соответствовать торжеству момента!

Нина, 7 сентября 1991 года.

«С Андреем мы были одноклассниками, роман развивался бурно и увенчался решительным объяснением во время выпускного вечера. На первом курсе мы уже жили вместе, в одной квартире с моими родителями. Это была постоянная борьба — с привычками, взглядами и семейными устоями друг друга. Каждый старался сломать другого, подчинить себе... Мне это удавалось хуже. Когда мы подавали заявление в ЗАГС, я понимала, что долго не продержусь, но огромное желание стать замужней женщиной и отделиться от родителей взяло верх над здравым смыслом. День свадьбы запомнился мне исключительно тем, что я боялась криков «горько! » (так как знала, что Андрей ни за что не станет целоваться на людях и отдавать дань « идиотским традициям ») и того, как посмотрят на моего непьющего избранника мои друзья и друзья родителей. Испытывала заранее досаду, стыд и обиду — на тех, кто осуждает, кто пожимает плечами или сочувствует... Так накрутила себя, что впала в истерику от беззлобного замечания подруги: «Ну уж бокал-то шампанского он бы мог себе позволить ради такого случая...» В общем, больше всего я хотела, чтобы это все поскорее закончилось, отчетливо понимая, что этот первый день нашего брака — по сути первый шаг к разрыву. А накануне свадьбы я записала в дневнике: «Ну что ж, это пока начерно, когда-нибудь будет набело... Схожу замуж. Года на три».

УРОК 7

Так в результате и вышло...

Равиль, 20 января 2001 года.

«Моя семья никогда не была религиозной. Но соседи и ребята в школе так или иначе давали нам с братьями понять, что мы чужие, «черные». Хотя до прямых конфликтов не доходило: все же наши родители — коренные петербуржцы. Когда я сделал Ане предложение, она согласилась — при условии, что я приму крещение и обвенчаюсь с ней. Я крестился, мы расписались и назначили день венчания. Мать и братья не пришли в церковь. Это очень огорчило меня... и вовсе не огорчило Аню. «Ну и отлично, они все равно НЕ НАШИ», — сказала она прямо перед венчанием. Меня словно громом ударило, и я подумал в панике: «Зачем я это делаю?.. Зачем обманываю себя, Аню, ее Бога? Ведь после ее слов о том, что мои близкие «не наши», я не смогу больше ей доверять! Для нее я тоже всегда буду «не наш». Конечно, у меня не хватило духу прервать церемонию, сбежать... Через полгода мы расстались. Когда я вспоминаю этот день, мне хочется напиться и все забыть».

Ирина, 17 сентября 2005 года.

«С Сергеем мы прожили вместе не расписываясь семь лет, Верочку родили... Честно говоря, нам и так было неплохо, но надоело, что все спрашивают у дочки, почему у нее не папина фамилия и т.д. Помимо этого, уже никто не верил (особенно мои родители, которые даже отказались прийти на свадьбу — «Не такой судьбы мы дочке желали!»), что мы вообще когда-нибудь поженимся. Так что наше решение выросло из желания оградить дочь от вопросов и сделать назло родителям. Несколько раз ездили в ЗАГС: не могли подать заявление из-за очереди. В итоге свадьба совпала с Днем города, кругом был сплошной праздник и автомобильные пробки. Накануне я мыла полы и гладила наряды, спали полтора часа. Потом сломалась машина, не привезли цветы, торты... Я все проклинала — уже ничего не хотелось! Мы страшно опаздывали, я переживала, а в результате вся церемония заняла минуты две... И вот я выхожу из ЗАГСа с дочкой за ручку и думаю: «И это все? И этого я ждала семь лет? Да и ждала ли — ведь знаю, что отношения наши в связи с появлением штампа никак не изменятся...» Конечно, у меня с детства были какие-то мысли о том, какая у меня должна быть свадьба, но ни одна из них не воплотилась в результате в жизнь. Зато столько было теплых слов и поздравлений со стороны друзей — вот этого мы как раз совсем не ожидали и были глубоко тронуты».

Комментарии

1. **Обряд инициации** — обряд, совершающийся в родовом обществе при переходе (переводе) кого-л. в иную возрастную, социальную и т.п. группу.

2. **Конъюнкция** — прием, способ объединения двух и более высказываний в единое целое с помощью союза «и».

3. **Мечеть** — у мусульман: молитвенный дом.

4. **Синагога** — в иудаизме: молитвенный дом.

5. **Провоцировать фрустрацию** — вызывать чувство тревоги, безысходности, неудовлетворенности и т.п., возникающее из-за невозможности достичь желаемого.

6. **Формулировки могут казаться кондовыми** — краткие и точные мысли, предложения, решения могут оказаться старинными, исконными.

7. **Делать лицо** — придавать лицу какое-либо выражение.

8. **Отдавать дань «идиотским традициям»** — необходимое или невольное следование глупым традициям.

9. **Мы чужие, «черные»** — здесь: мы никогда не станем равными вам, будем чувствовать себя изгоями.

Цитаты о семье и семейных отношениях

Все счастливые семьи похожи друг на друга, каждая несчастливая семья несчастна по-своему.

Толстой Л. Н.

На первом месте должны быть родина и родители, потом дети и вся семья, а затем остальные родственники.

Цицерон

...Залог семейного счастья в доброте, откровенности, отзывчивости...

Золя Э.

Жениться, ничем не связывая себя, — предательство.

Монтень М.

Цель обеда есть питание и цель супружества — семья.

Толстой Л. Н.

Брак — это долгий разговор, прерываемый спорами.

Стивенсон Р.

Те, кто любят истину, должны искать любви в браке, то есть в любви без иллюзий.

Камю А.

Береги жену, не давай ей воли.

Фонвизин Д. И.

В семейной жизни самый важный винт — это любовь.

Чехов А. П.

Цицерон — Марк Туллий (106–43 до н.э.), римский политический деятель, оратор и писатель. Сторонник республиканского строя.

Золя Э. — (Zola, Emile) (1840–1902) французский писатель. Один из самых значительных представителей реализма второй половины XIX века — вождь и теоретик так называемого натуралистического движения.

Монтень М. — Мишель Эйкем де **Монтень**. (Michel de **Montaigne**) (1533–1592), французский мыслитель, юрист, политик эпохи Возрождения. Прежде всего современному читателю он известен по «Опытам», которые чаще превращаются в афоризмы и изречения.

Стивенсон Р. — Роберт Льюис Стивенсон (англ. Robert Louis Stevenson, первоначально Robert Lewis Balfour Stevenson; 13 ноября 1850–3 декабря 1894) — английский писатель и поэт, по происхождению — шотландец, автор всемирно известных приключенческих романов и повестей, крупнейший представитель английского неоромантизма.

Камю А. — (фр. Albert Camus, 7 ноября 1913–4 января 1960) — французский писатель и философ, представитель экзистенциализма, получил нарицательное имя при жизни «Совесть Запада». Лауреат Нобелевской премии по литературе 1957.

Пословицы и поговорки о семейной жизни

Не родись красивой, а родись счастливой.
От судьбы не уйдешь.
Каждый человек — хозяин своей судьбы.
Насильно мил не будешь.
Стерпится — слюбится.
С милым рай и в шалаше.
Где любовь да совет, там и горя нет.
Яблоко от яблони недалеко падает.
Жизнь прожить — не поле перейти.
Не в деньгах счастье.

Счастье без ума — дырявая сума.
Всяк кузнец своего счастья.
Семь раз отмерь — один раз отрежь!

Отзвучал свадебный марш, у вас на пальце обручальное кольцо. Вы счастливы! Даже немного жаль, что такой день никогда не повторится. Но оказывается, эта свадьба — не последняя в вашей жизни. Дело за малым: сохранить ощущение счастья и десять и двадцать лет спустя. А чтобы ваши семейные юбилеи проходили весело и с выдумкой, запомните:

Ситцевая свадьба отмечается через год совместной жизни;

Деревянная означает пятилетие брака;

Медная свадьба празднуется после семи лет;

Розовая свадьба венчает первое совместно прожитое десятилетие (родные и друзья приходят в дом с розами);

Стеклянная отмечается через пятнадцать лет, подарки только из стекла);

Фарфоровая справляется через двадцать лет (стол сервируется фарфоровой посудой);

Серебряная свадьба знаменует совместно прожитые четверть века (на палец рядом с золотым кольцом надевают серебряное);

Жемчужная свадьба отмечается через тридцать лет;

Полотняная свадьба празднуется через тридцать пять лет;

Рубиновая отмечается как сорокалетие совместной жизни;

Золотая свадьба итожит полвека, прожитые вместе (муж и жена обмениваются новыми золотыми кольцами);

Бриллиантовая (или платиновая) свадьба справляется через шестьдесят лет;

Железный юбилей — через шестьдесят пять лет супружества;

Коронная свадьба венчает семьдесят пять лет семейной жизни.

Задания

I. Ответьте на вопросы по тексту.

1. Что такое ритуал бракосочетания?
2. Почему свадьба нередко приносит много разочарований?
3. На ваш взгляд, регистрация брака — пустая формальность?

4. Что рассказывала Людмила о дне свадьбы?

5. Почему Нина все же решила подать заявление в ЗАГС и что она испытывала в день свадьбы?

6. Что помешало семейной жизни Равиля?

7. Почему у Ирины возникло желание сыграть свадьбу? Воплотились ли ее мечты в жизнь?

II. Опираясь на содержание текста, продолжите синонимический ряд следующих слов:

ритуал
церковь
хихикать
ирония
рыдать
обида

III. Прочитайте следующий список профессий (специальностей), уточните их значение в словаре и продолжите этот ряд:

аналитик, социолог, археолог, синолог (китаист, китаевед), политолог

IV. Объясните следующие фразы:

1. На самом деле брак — это и конъюнкция.
2. Регистрация брака все же не простая формальность.
3. Мы ждем этого, потому что... так принято.
4. Я все продумала до деталей.
5. Роман развивался бурно и увенчался решительным объяснением.
6. Каждый старался сломать другого, подчинить себе.
7. Так накрутила себя, что впала в истерику от беззлобного замечания подруги.
8. Это пока начерно, когда-то будет набело.
9. Меня словно громом ударило, и я подумал в панике: «Зачем я это делаю?».
10. Отношения наши в связи с появлением штампа никак не изменятся.

V. Прочитайте следующие фразы, замените в них выделенные слова контекстуальными синонимами.

1. Сознательно или нет, **партнеры стараются себя подстраховать,** не желая печального повторения того, что видели, к примеру, в семье своих родителей.

2. Мы хихикаем, когда некая женщина в ЗАГСе желает нам счастья, **ее формулировки могут казаться кондовыми,** но все равно каждый испытывает волнение.

3. Сколько невест и женихов во время свадьбы, как и Людмила, **должны были «делать лицо»,** стараясь соответствовать торжеству момента!

4. Я понимала, что долго не продержусь, но огромное желание стать замужней женщиной и отделиться от родителей **взяло верх над здравым смыслом.**

5. Конечно, у меня **не хватило духу** прервать церемонию, сбежать...

6. У меня с детства были какие-то мысли о том, какая у меня должна быть свадьба, но **ни одна из них не воплотилась в результате в жизнь.**

VI. Со словами, связанными с темой «свадьба», составьте небольшой текст.
венчание, церемония, крики «Горько», торжество, расписаться, ЗАГС, подать заявление, наряды.

VII. Прочтите цитаты о семье и семейных отношениях и выскажите свое мнение. Согласны ли вы с автором цитаты или нет? Почему?

VIII. Познакомьтесь с пословицами и поговорками о семейной жизни, объясните их значение. Есть ли подобные в китайском языке? Если есть, переведите их на русский язык.

IX. Составьте небольшой рассказ о проведении церемонии китайской свадьбы.

Урок 8

Не бросайте стариков

*Не бросайте стариков, жалейте,
Уважайте старость и лелейте,
Им дарите ласку и вниманье,
И любви великое признанье.*

*Утешайте в скорби и печали,
В час, когда сердца стучать устали,
Окружите теплотой и светом,
И не ждите скорого ответа.*

*Не бросайте стариков, любите,
Память об ушедших сохраните.
Сердце на заботу отзовется,
И любовь сторицей к вам вернется!*

Вадимов-Костин *(из блога)*

Посмотрел на свою фотографию, где я с задорной улыбкой и как-то отрешенно, будто о незнакомом человеке, подумал: «Экий бодрячок-старичок! Чего-то еще хорохорится! А самому под самую завязку годков-то».

Вот и я туда же со своим презрением к прожитым годам. А уж что говорить о молодых и, слава Богу, здоровых людях. В жизни у нас так бывает: пока мы молоды и здоровы, пока нас сплошь и рядом окружают родные и близкие люди, — друзья, коллеги — мы не замечаем ни стремительного полета времени, ни мелких обид, ни крупных проблем, которые в состоянии решать самостоятельно.

Наши близкие, друзья и коллеги тоже молоды и энергичны, по мере возможности помогают нам советом, участием, делом. И в течение жизни мы настолько

привыкаем к такому образу своего бытия, что и не представляем его без всего этого.

Но наступают времена, когда мы одного за другим теряем родных и близких людей и остаемся одни в пустой квартире. Нам уже никто не звонит по телефону и в дверь, на улице все реже встречаются знакомые лица. Ложимся спать и встаем в полной тишине и в разрывающей душу тоске по тем, кто ушел от нас навсегда.

К великому огорчению, эти незаживающие душевные раны далеко не все. Мощной волной с головой захлестывает нас и множество других бытовых проблем: низкая пенсия, не способная конкурировать с высокими ценами на все подряд, все увеличивающиеся тарифы за газ, электричество, телефон, антенну и т. д.

Но и это еще не все беды! Вдобавок к тем невзгодам душу и тело точат все новые и новые болезни, неведомо откуда сваливающиеся на головы стариков. А средства не дают возможности купить необходимые лекарства и перейти на нужные продукты питания. Без денег нечего соваться к врачу, к сантехнику, к водителю автобуса, чтобы довез до ближайшей поликлиники.

А те, кто еще в расцвете сил, кто еще пока и не думает о грядущем пенсионном возрасте, раздражаются неповоротливостью стариков в проходах, стараются «лягнуть» их побольнее: «Ползают тут под ногами старые песочники!» Им и невдомек, что эти люди тоже когда-то были такими же молодыми, и если бы им в одночасье вернуть ту былую молодость, они бы могли и по физиономии врезать за оскорбление.

Но не могут старики... Все болит — то руки, то спина не разгибается, то ухо правое совсем перестало работать и глаза почти не видят... Целый букет. И благо, что почти не слышит иной дед или старушка оскорбления в свой адрес, и поэтому им легче их переносить.

Проблема старости! Великая проблема всех живущих на Земле! Так почему же мы так по-хамски относимся к престарелым людям? Ведь неизбежно наступит время, когда каждый из нас окажется на месте обиженного ветерана. Будь то на улице, в автобусе, в учреждении. Для всех без исключения неотвратимо наступит пора, когда придется собирать разбросанные в течение жизни булыжники и камни.

И в конце этой маленькой заметки так и хочется надрывно зареветь с комком у горла: «Люди, остановитесь в гневе своем и не обижайте свое будущее!»

Старость это будущее каждого... Помните об этом. Ни на минуту не забывайте, прошу вас, люди!

УРОК 8

Не бросайте стариков

Елена Кречетова

Началось все совсем неожиданно. Еще несколько часов назад я сидела на пресс-конференции, и вот — больничная палата хирургического отделения. Стерильная чистота. Тихие, бледные, с синеватыми губами больные. Говорят медленно, шепотом — «больно». Здесь больно всем. Но кажется, тебе одной. И слово «операция» трактуется уже только как «освобождение». Первое чувство, когда «отпускает» наркоз, — «не болит». И благодарность всему миру за эту вновь обретенную свободу. «Спасибо, доктор!» Пожимает плечами: «Не за что. Это наша работа».

Но здесь, в хирургическом отделении Московской городской больницы №7, я получила и одно из самых грустных в моей жизни впечатлений, название которому «Брошенные старики». «Деточка, — шептала, обращаясь ко мне тощенькая, маленькая старушка, — у меня тоже дочка есть. Такая же, как ты. Она живет в Москве. Тут, рядом. Наверное, не знает, что меня уже оперировали. Дай я позвоню ей по твоему телефону, — кивает на мобильный. — Хоть сообщу, а то, небось, волнуется, бедненькая». «Не звоните вы никуда, — грустно советует пожилая медсестра. — Только деньги потратите без толку. Наши девочки который раз с ее дочкой и зятем беседу проводят. Те обещают приехать «завтра». Только ведь завтра оно каждый день бывает...»

А с утра по коридору проносится: «У вас дивная бабуля (вариант-дедуля)! Совсем поправляется. Так вас ждет. Приезжайте!» Это уже о другом старике другим взрослым детям...

Рядом со мной на соседней больничной койке лежит старуха. Зовут Зинаида. 1919 года рождения. Пережила операцию брюшной полости под общим наркозом. Лежит и тихо-тихо (говорить больно!) рассказывает про свою жизнь. «Как я сыночка Костеньку в войну поднимала, вспомнить жутко. Одна осталась, муж с фронта не пришел. Написал лишь, что другую встретил, «боевую подругу». Мне тогда двадцать пять исполнилось, Костику — пять. Упала я посреди избы, криком кричу: «Ваня — так мужа моего звали — что ж ты с нами сделал! Как я в деревне, где в каждом дому похоронки, при живом мужике одна брошенкой жить стану! Ведь сам же наказывал, когда на войну шел: «Береги себя, береги Костю. Вы мне так нужны!»

Потом ничего, оклемалась. День за днем. Прошло пять лет. Забывать мужа стала. Вдруг приезжает: «Прости, извини, ошибка вышла. Та, другая, оказалась дешевкой. Разменной монетой...» И мне же на нее, нашу разлучницу, стал жаловаться. Но я все простила. Потом дочку родила, Валечку. А муж опять загулял. Подался на север. Жив — нет, не знаю. Зато уж дети у меня золотые! Никогда мать не бросят... Мы все бабушку утешаем. «Конечно, — соглашаемся, — не бросят». А она вдруг твердо так говорит: «Помру я тут без них. Скоро помру. Чувствую!» К утру совсем плохая стала. Врачи засуетились, то один подойдет, то сразу несколько... И опять домой старухиным детям звонят: «В критическом состоянии у нас ваша бабушка!»

И вдруг вечером, о чудо, открывается дверь, и на пороге группа нарядно одетых людей. Человек семь или даже больше. Цветы. Радость, смех: «Живая бабулечка наша, красотулечка!» «Молоток, так держать!» Целоваться кинулись. «Ну все, — подумала я, — такого напора наша старушка уже не выдержит». Но нет, смотрю, свежеет лицом. Сама садится, рассказывает, как ей врачи и все больные помогали. «За всех буду Богу молиться!» А нам показывает — вот сын мой, Костя, а это — сноха, Галина Сергеевна, дочка — Валентина, внучка — Катюшка... На другой день баба Зина уже сама пришла в столовую, а через неделю ее выписали домой. «Сто лет проживет ваша бабулечка, — говорят врачи. И тихо, между собой, добавляют: — Если бы они тогда не пришли, мы бы эту бабушку точно потеряли»...

И тут из разговора с медиками я выяснила удивительную вещь: оказывается глубоким старикам, так же, как крошечным недоношенным детям, жизненно необходима помощь и поддержка *именно родных по крови людей*. Если пожилой человек не будет постоянно физически чувствовать вашу любовь и заботу, его шансы на благополучное выздоровление существенно уменьшатся. И это реальный медицинский факт, который необходимо учитывать.

Я понимаю, мы все крайне заняты. Дел невпроворот. Порой каждая минута на счету. Но мама, папа — самые дорогие на Земле люди. Они любят вас, ждут, помнят маленькими. И приходит день, когда они, беспомощные, как дети, нуждаются именно в вашей поддержке и заботе. Умоляю вас, не бросайте своих стариков! Ни в болезни, ни в здравии, НИКОГДА! Ведь нет на свете большей радости для каждого из нас, чем та, когда наши родители говорят с гордостью: «Я — самый счастливый на свете человек. У меня замечательные, умные, добрые, любящие меня дети!»

УРОК 8

Комментарии

1. **Сторицей** — во много раз больше (буквально — в сто раз больше).
2. **Чего–то еще хорохорится!** — вести себя задорно, запальчиво; храбриться.
3. **Под самую завязку годков** -то — очень много лет.
4. **Стараются «лягнуть» их побольнее** — сказать, написать что-л. неприятное, недоброе, неправильное; обидеть, оскорбить.
5. **Старые песочники** — о старых людях с пренебрежением: из них уже песок сыпется.
6. **Они бы могли и по физиономии врезать за оскорбление** — они могли бы за оскорбление ударить по лицу.
7. **Целый букет** — здесь: много разных болезней.
8. **Собирать разбросанные в течение жизни булыжники и камни** — В Библии есть слова: «Время разрушать и время строить... Время разбрасывать камни, и время собирать камни». Для каждого дела — свой черед.
9. **Зареветь с комком у горла** — плакать от сильного нервного перенапряжения, ощущая комок в горле.
10. **Под общим наркозом** — общее обезболивание, своеобразное состояние искусственного сна, с полной или частичной утратой сознания и потерей болевой чувствительности.
11. **Оклематься** — прийти в сознание, в чувство; оправиться после болезни.
12. **Та, другая, оказалась дешевкой** — о человеке пустом, лишенном подлинной ценности (разг. пренебр).
13. **Разменной монетой** — неполноценная монета. Здесь: не настоящий человек, не имеющий высоких моральных качеств.
14. **Молоток, так держать!** — молодец, продолжай жить так.
15. **Дел невпроворот** — об обилии каких-либо дел, забот, обязанностей.

Задания

I. Ответьте на вопросы по тексту.

1. О чем пишет автор в своем стихотворении «Не бросайте стариков...»?
2. Что говорит о молодых годах Вадимов-Костин? К какому образу бытия привыкает человек, будучи в расцвете сил?

3. Что это за времена, когда человек остается один в пустой квартире?
4. Какие бытовые проблемы и болезни приходят к старикам?
5. Как относятся к старикам те, кто еще в расцвете сил?
6. Что необходимо понимать и помнить каждому, живущему на Земле человеку?
7. Какое чувство является главным для людей, находящихся в больничной палате операционного отделения?
8. Расскажите о самом грустном впечатлении, которое получила в палате хирургического отделения автор.
9. Что рассказывает о себе старуха Зинаида?
10. Почему Зинаида собралась помирать?
11. Что помогло Зинаиде справиться с недугом, выздороветь?
12. Что необходимо глубоким старикам и недоношенным детям?
13. К чему призывает автор статьи?

II. Объясните следующие выражения:

1. сплошь и рядом
2. по мере возможности
3. в расцвете сил
4. вдобавок к (*тем невзгодам*)
5. свалиться на голову
6. (*кому*) невдомек
7. оказаться на месте (*кого*)
8. дел невпроворот
9. на счету (*каждая минута*)
10. в одночасье
11. без толку

III. Прочитайте следующие фразы, замените в них выделенные слова и словосочетания контекстуальными синонимами.

1. Чего-то еще **хорохорится**!
2. А самому **под самую завязку** годков-то.
3. Вот **и я туда же** со своим презрением к прожитым годам.
4. Низкая пенсия, не способная **конкурировать** с высокими ценами **на все подряд.**
5. Без денег **нечего соваться** к врачу.
6. Они бы могли и по физиономии **врезать** за оскорбление.

УРОК 8

7. Так и хочется **надрывно зареветь с комком** у горла.

8. **Молоток, так держать!**

IV. Докончите следующие предложения по тексту.

1. В жизни у нас так бывает: ...

2. Но наступают времена, когда ...

3. Мощной волной с головой захлестывает нас множество проблем: ...

4. Неизбежно наступит время, когда ...

5. Из разговора с медиками я выяснила удивительную вещь: ...

6. И приходит день, когда ...

7. Нет на свете большей радости для каждого из нас, чем та, когда ...

V. Найдите в текстах стилистически окрашенные слова и замените их нейтральными.

VI. Перескажите историю старушки Зинаиды.

VII. Какие чувства вызывает стихотворение «Не бросайте стариков»? С помощью каких средств достигается ритмика стиха?

VIII. Характерной особенностью разговорной речи является эмоциональность, экспрессивность, оценочная реакция, активно проявляют себя способы словообразования и бытовизмы (слова, связанные с повседневной жизнью), неполные фразы, диалектизмы. Докажите, что повествование Зинаиды — это разговорный стиль речи.

IX. Прочитайте следующие фразы и используйте их в своем сочинении. Тему сочинения определите сами.

1. Наши близкие, друзья и коллеги по мере возможности помогают старикам советом, участием, делом.

2. Благо, что у нас пожилые люди не слышат в свой адрес оскорбления.

3. Если пожилой человек не будет постоянно физически чувствовать вашу любовь и заботу, его шансы на благополучное выздоровление существенно уменьшатся.

4. Мы все крайне заняты. Дел непроворот. Порой каждая минута на счету.

5. Пожилые люди, как дети, нуждаются в нашей поддержке и заботе.

Урок 9

За стеной

Людмила Петрушевская

Один человек лежал в больнице, он уже выздоравливал, но чувствовал себя еще плоховато, особенно по ночам. И тем более ему мешало, что за стеной все ночи подряд кто-то разговаривал, женщина и мужчина.

Чаще всего говорила женщина, у нее был нежный, ласковый голос, а мужчина говорил редко, иногда кашлял.

Эти разговоры очень мешали нашему больному спать, иногда он вообще под утро выходил из палаты, сидел в коридоре, читая газеты.

Ни днем, ни ночью не прекращался за стеной этот странный разговор, и наш выздоравливающий начал уже думать, что сходит с ума, тем более что, по его наблюдениям, никто никогда не выходил из палаты.

Во всяком случае, дверь туда постоянно была закрыта.

Больной стеснялся пожаловаться на шум, только говорил, что плохо со сном, и лечащий врач отвечал: ничего, скоро вы поправитесь, дома все пройдет.

А надо сказать, что дома этого больного никто не ждал, родители его давно умерли, с женой он разошелся, и единственным живым существом в его доме был кот, которого теперь приютили соседи.

Больной выздоравливал медленно, жил с заложенными ушами, но и сквозь затычки он слышал все тот же разговор, тихий женский голос и иногда мужской кашель и два-три слова в ответ.

Кстати, сам больной уговаривал себя, что если бы он хотел спать, то заснул бы в любых условиях, и все дело просто в том, что пошаливают нервы.

Однажды вечером наш болящий вдруг ожил: разговор за стеной прекратился.

Но тишина длилась недолго.

Затем простучали знакомые каблуки медсестры, эти каблуки затоптались на

месте, потом что-то глухо обрушилось, потом забегали, засуетились люди, забормотали, стали двигать стулья, что ли — короче, какой тут сон!
Больной вышел в коридор, не в силах больше лежать.

Он тут же увидел, что дверь в соседнюю палату, против обыкновения, распахнута настежь, и там находится несколько врачей: один склонился над постелью, где виднелся на подушке бледный профиль спящего мужчины, другие присели около лежащей на полу женщины, а по коридору бежит медсестра со шприцем.

Наш больной (его звали Александр) начал беспокойно ходить взад и вперед мимо открытых дверей соседней палаты, что-то его притягивало к этим двум людям, которые как будто одинаково спокойно спали, с той только разницей, что мужчина лежал на кровати, а женщина на полу.

Задерживаться у дверей было неудобно, и больной стоял у дальнего окна, наблюдая за кутерьмой.

Вот в палату завезли пустую каталку, вот она медленно выехала обратно в коридор, уже с грузом, на ней лежала та самая женщина, и мелькнуло опять это спящее женское лицо, спокойное и прекрасное.

Надо сказать, что Александр знал толк в женской красоте и не единожды наблюдал свою бывшую жену у зеркала (перед походом в гости, например).

Но тут, в больничном коридоре, Александра как будто кто-то ударил в самое сердце, когда мелькнуло это чужое женское лицо, лежащее на плоской подушке.

Печальное, бледное, простое и безнадежно спокойное, оно быстро исчезло за спиной санитара, а потом задвинулись двери лифта, и все кончилось.

Потом Александр сообразил, что тело женщины, которую провезли мимо, укрытое простыней, выглядело безобразно большим и бугристым, как бы раздутым, и носки ее ног безжизненно торчали врозь — и он подумал, что в природе нет совершенных человеческих созданий, и от всей души пожалел эту толстую даму с таким красивым личиком.

Затем операция с каталкой повторилась, но на сей раз провезли чье-то тело, укрытое с головой.

Тут Александр понял, что это умерший из соседней палаты.

Наш больной, по природе человек молчаливый, ни о чем не стал спрашивать медсестру, которая пришла к нему утром ставить градусник.

Александр лежал и думал, что теперь за стеной полная тишина, но спать все равно невозможно, за прошедшие недели он как-то уже привык к этому долгому, спокойному разговору двух любящих людей за стеной, видимо, мужа и жены — было приятно, оказывается, слышать мягкий, ласковый женский голос, похожий на голос мамы, когда она гладила его в детстве, заплаканного, по голове.

Пускай бы они говорили так вдвоём всё время, думал несчастный Александр, а теперь за стеной такая могильная тишина, что ломит в ушах.

Утром, после ухода медсестры, он услышал в соседней палате два резких, крикливых голоса, что-то брякало, стучало, ездило.

— Вот, доигрались, — с усилием произнесла какая-то женщина.

— Я ничего не знаю, — крикнула другая, — была в отгуле, ездила к брату в деревню! Они мне соломки на зуб не дали! Брат называется! Картошки насыпали, и всё!

— Ну вот, — рявкнула первая, что-то приподнимая и ставя на место.

— Её обманул этот травник. Ну, который приезжал с Тибета.

— Ничего не знаю, — возразила вторая.

— Этот травник, он ей вроде много наобещал, если она отдаст ему всё, что у них есть, — крикнула первая откуда-то снизу, видимо, она полезла под кровать. Слышимость была прекрасная.

— Всё?

— Ну.

— Как это всё?

— Она вроде продала даже квартиру и все вещи, — вылезая из-под кровати, очень разборчиво сказала первая.

— Дура! — крикнула вторая. — Почему я знаю, потому что медсёстры у неё что-то купили, холодильник и пальто и много чего, по дешёвке. Она даже цену не назначала: сколько, мол, дадите, столько и возьму. А ты что купила?

— А я в тот день вышла в ночь, они уже всё разобрали.

— А я где была? — крикнула вторая.

— А ты была в отгуле, вот больше гуляй! — глухо сказала первая.

Было такое впечатление, что она замотала рот тряпками, но, видимо, она опять полезла под кровать.

— И он, этот врач, колдун этот, обещал, видно, улучшение. То есть сказал «Всё кончится хорошо». Вот тебе и кончилось.

— Известное дело, — резко выкрикнула вторая. — Наши сразу врачи ляпнули, что ему жить две недели, вот она, видно, и стала искать колдуна. Всё ему отдала, а мужик всё одно помер. Даже через стенку было слышно, что она расстроилась из-за чего-то.

— Теперь что же, — завопила она, — её все вещи у медсестёр, а во что она ребёнка завернёт?

УРОК 9

— А, — с трудом отвечала первая, все еще, видимо, из-под кровати, — да она сама-то при смерти, без сознания. Родит — не родит, выживет — не выживет. Ее на третий этаж положили, в реанимацию.

— Че ты там нашла? — крикнула вторая.

— Кто-то мелочь рассыпал, — пробубнила первая, вылезая из-под кровати.

— Сколько? — поинтересовалась вторая. Первая не ответила и ссыпала все в карман. Вторая продолжала с горечью в голосе:

— К ним в палату и заходить было тяжело. Я все думала, чего это она так радуется, сама в положении, муж у ей помирает, а она как на именинах сидит.

Первая назидательно сказала:

— Она все отдала и думала, что это поможет. Ничего себе не оставила. Может, она думала, что если муж помрет, ей ничего больше не надо.

— Ну дура, — воскликнула вторая, — а этот... Травник что? Ну, колдун.

— Он забрал все деньги и сказал, что едет в Тибет молиться.

Удивительно, как все ясно было слышно! Александр подумал, что, видимо, его бывшие соседи говорили очень тихо, если тогда он не мог разобрать ни единого слова. Потом уборщицы начали обсуждать бесстыдное поведение некой раздатчицы в столовой (малые порции, не хочет кормить санитаров и носит парик в таком возрасте), пошумели еще и исчезли. А Александр все никак не мог поправиться, барахлило сердце.

Пришлось задержаться в больнице. Через неделю к нему пришли две санитарки с пачечкой денег и листом бумаги: они собирали средства одной женщине, которой надо было купить приданое для новорожденного сына. Санитарки были очень любезны и даже стеснялись. Они намекнули, что это «та», бывшая его соседка из палаты рядом. Александр отдал все, что у него было, расписался на листочке и немного повеселел: во-первых, он дал очень большую сумму, во-вторых, если это та самая женщина родила, стало быть, все кончилось хорошо.

Он не стал ни о чем спрашивать по своему обыкновению, однако его состояние резко улучшилось. Александр был, на свое счастье, не бедным человеком, только болезнь остановила его на пути к большому богатству; он любил деньги и не тратил их на пустяки, и сейчас его дела шли блестяще. Даже из больницы он умудрялся руководить своими сотрудниками. А болеть он начал внезапно, однажды ночью. Он шел пешком от метро, немного навеселе, поужинав с друзьями в ресторане, и недалеко от дома вдруг увидел грязного, какого-то заплаканного мальчишку лет десяти, который вынырнул из-за машины

81

и спросил, как дойти до метро.

— Метро там, но оно уже закрылось.

На улице было холодновато, мальчишка немного дрожал. Он знал эту породу людей, притворяются голодными, замерзающими, маленькими и беззащитными, а потом, стоит их привести домой, отмыть, накормить и уложить спать, они или утром исчезают, своровав что плохо лежит, или же остаются жить, что еще хуже, и к ним в один прекрасный день присоединяются какие-то подозрительные родственники, и приходится выпроваживать таких гостей, но ведь бродяги не знают стыда, ничего не стесняются и, сколько их не выгоняй, возвращаются на протоптанную один раз дорожку, колотят в дверь, кричат, плачут и просятся погреться, и бывает очень неприятно — никому не хочется выглядеть жадным и жестоким. Короче, у Александра был уже такой случай в жизни, и он насмешливо предложил мальчишке отвести его в милицию, если он заблудился и не может найти свой дом. Пацан резко отказался, даже отскочил немного:

— Ага, а они меня тогда домой отправят.

Короче говоря, с этим парнем все было ясно, и Александр посоветовал ему зайти куда-нибудь в теплый подъезд, чтобы не замерзнуть, — бесплатный совет сытого и довольного взрослого человека маленькому и убогому пройдохе.

На этом они расстались, мальчишка, дрожа, побрел куда-то по ночному городу, а Александр пришел домой, принял душ, заглянул в холодильник, поел холодного мяса и фруктов, выпил хорошего вина и пошел спать в добром расположении духа, после чего ночью проснулся от резкой боли в сердце и вынужден был вызвать «скорую». Врачу в больнице он пытался что-то сказать о том, что встретил Иисуса Христа и опять его предал, но доктор вызвал еще одного доктора, и больной, пребывая как в тумане, услышал, что у него ярко выраженный бред.

Он пытался возразить, но ему сделали укол, и начались долгие дни в больнице. Теперь, отдав свои наличные деньги, он заметно повеселел. Все последние недели он неотрывно думал о том человеке, которого увезли под простыней и который так мужественно умирал, не позволяя себе жаловаться. Александр вспомнил его спокойный, глуховатый голос.

Таким голосом говорят: все в порядке, все нормально, ни о чем не думай, не волнуйся. А может быть, они и не говорили никогда о болезни, а говорили о каких-то других вещах, о будущем. И она тоже не беспокоилась, она так радостно и счастливо рассказывала мужу, возможно, о том, как хорошо им будет вместе, когда они все вернутся домой, и какую кроватку надо купить ребенку: говорила, отлично зная, что денег не осталось совершенно. Видимо, она верила в целительную силу трав, и ничего, кроме жизни мужа, ее не волновало, что будет, то будет. Может быть, она рассчитывала, что если ее муж умрет, она каким-то волшебным образом тоже не останется жить. Но, вероятно, наступило такое время, когда ей все-таки надо было существовать одной — неизвестно как, без дома и денег, с ребенком на руках. И тут Александр смог вмешаться в ход событий со своими деньгами. Он рассчитал так, чтобы бедной женщине хватило на весь первый год — она могла бы снять квартиру и продержаться, пока не найдет работу. Какое-то счастливое спокойствие наступило для Александра в его последние дни в больнице, как будто он точно знал, что все будет хорошо. Он начал спать по ночам, днем даже выходил погулять. Началась прекрасная, теплая весна, по небу шли белые маленькие тучки, дул теплый ветер, зацвели одуванчики на больничном газоне.

Когда Александра выписывали, за ним пришла машина, и он, дыша полной грудью, в сопровождении друга пошел вон из больницы. Тут же, у ворот, он нагнал небольшую процессию: санитарка из их отделения вела под руку какую-то худую женщину с ребенком. Они волоклись так медленно, что Александр удивленно обернулся. Он увидел, что санитарка, узнав его, густо покраснела, резко опустила голову и, пробормотав что-то вроде «я побежала, дальше нам нельзя», быстренько пошла обратно. Женщина с ребенком остановилась, подняла голову и открыла глаза. Кроме ребенка, у нее ничего не было в руках, даже сумочки. Александр тоже приостановился. Он увидел все то же прекрасное, спокойное молодое лицо, слегка затуманенные зрачки и младенца в больничном байковом одеяле. У Александра защемило сердце как тогда, когда он только начинал болеть, как тогда, когда он смотрел вслед дрожащему мальчишке на ночной улице. Но он не обратил внимания на боль, он в этот момент больше был занят тем, что соображал, как ловко санитарки ограбили беднягу.

И он понял, что с этого момента отдаст все, всю свою жизнь за эту бледную, худенькую женщину и за ее маленького ребенка, который лежал, замерев, в застиранном казенном одеяле с лиловой больничной печатью на боку.

Кажется, Александр сказал так:
— За вами прислали машину от министерства здравоохранения. По какому адресу вас везти? Вот шофер, познакомьтесь.

Его друг даже поперхнулся. Она ответила задумчиво:
— За мной должна была приехать подруга, но она внезапно заболела. Или у нее ребенок заболел, неизвестно.

Но тут же, на беду Александра, на женщину с ребенком налетела целая компания людей с цветами, все кричали о какой-то застрявшей машине, об уже купленной кроватке для ребенка и ванночке, и под крик «ой, какой хорошенький, вылитый отец» и «поехали-поехали» они все исчезли, и вскоре на больничном дворе остался стоять столбом один Александр с ничего не соображающим другом.

— Понимаешь, — сказал Александр, — ей было предсказано, что она должна отдать все, и она отдала все. Такой редкий случай. Мы ведь никогда не отдаем все! Мы оставляем себе кое-что, ты согласен? Она не оставила себе ничего. Но это должно кончиться хорошо, понял?

Друг **на всякий пожарный случай** кивнул — выздоравливающим не возражают.

Что Александр потом предпринимал, как искал и нашел, как старался не испугать, не оттолкнуть свою любимую, как находил обходные дороги, как познакомился со всеми подругами своей будущей жены, прежде чем смог завоевать ее доверие — все это наука, которая становится известной лишь некоторым любящим. И только через несколько лет он смог ввести в свой дом жену и ребенка, и его старый кот сразу, с порога, пошел к новой хозяйке и стал тереться о ее ноги, а четырехлетний мальчик, в свою очередь, засмеялся и бесцеремонно схватил его поперек живота, но престарелый кот не пикнул и терпеливо висел, и даже зажмурился и замурчал, как будто ему было приятно свешиваться, поделившись надвое, в таком почтенном возрасте, но коты — они народ мудрый и понимают, с кем имеют дело.

Комментарии

1. **Жить с заложенными ушами** — очень плохо слышать.
2. **Пошаливают нервы** — время от времени с нервами бывает не все в порядке.
3. **Какой тут сон!** — здесь: из-за шума невозможно уснуть.
4. **Кутерьма** — беспорядок, суматоха, сумятица.
5. **Как будто кто-то ударил в самое сердце** — почувствовать острую боль в сердце.
6. **Могильная тишина, что ломит в ушах** — слишком тихо.
7. **Соломинки на зуб не дали** — ничего не дали.
8. **Травник** — лекарь, знахарь, занимающийся сбором целебных трав и использующий их для лечения людей.
9. **Отгул** — отпуск, свободный от работы день, предоставляемый за сверхурочную

работу.

10. **Ляпнуть** — *разг. –сниж.* Сказать что-либо необдуманно, бестактно, некстати.
11. **Барахлило сердце** — сердце работает плохо, неритмично, с перебоями.
12. **Вынырнул из-за машины** — появился неожиданно из-за машины.
13. **Протоптанную один раз дорожку** — проложить дорожку один раз и теперь часто ходить.
14. **Пройдоха** — пронырливый, хитрый, ловкий в делах человек.
15. **На всякий пожарный случай** — предполагая возможную неотложную надобность.

ПЕТРУШЕВСКАЯ, ЛЮДМИЛА СТЕФАНОВНА (р. 1938), *русская писательница. Родилась 26 мая 1938 в Москве. Окончила Московский государственный университет, работала редактором на телевидении. В середине 1960-х годов начала писать рассказы, первый из которых, «История Клариссы», был опубликован в 1972. Персонажи Петрушевской ведут себя в соответствии с жестокими жизненными обстоятельствами, в которых вынуждены жить. Например, главная героиня рассказа «Свой круг» (1988) отказывается от единственного сына: она знает о своей неизлечимой болезни и пытается бессердечным поступком заставить бывшего мужа взять на себя заботу о ребенке. Однако ни один из героев Петрушевской не подвергается полному авторскому осуждению. В основе такого отношения к персонажам лежит присущий писательнице «демократизм... как этика, и эстетика, и способ мышления, и тип красоты.» Стремясь создать многообразную картину современной жизни, цельный образ России, Петрушевская обращается не только к драматургическому и прозаическому, но и к поэтическому творчеству.*

Рассказы и пьесы Петрушевской переведены на многие языки мира, ее драматургические произведения ставятся в России и за рубежом.

Задания

I. Ответьте на вопросы по тексту.

1. Что постоянно мешало больному человеку, находившемуся в больнице?
2. Что увидел он около открытых дверей соседней палаты?
3. Какими он увидел лицо и тело женщины и что подумал?
4. Почему, несмотря на тишину в соседней палате, он по-прежнему не мог спать?
5. Что можно было понять из разговора двух женщин, пришедших убирать

палату?

6. Почему, дав большую сумму для родившей женщины, герой повеселел, и здоровье его резко улучшилось?
7. Какая история произошла с ним однажды на улице?
8. Что случилось с ним той ночью?
9. Почему для героя рассказа наступило счастливое спокойствие?
10. Что увидел он во время своей выписки из больницы?
11. Что понял он в этот момент?
12. Как объяснил он другу свой поступок? Что потрясло его в поведении незнакомой женщины?
13. Как закончилась эта история?

II. Составьте фразы с данными вводными словами.
1. во всяком случае
2. короче говоря
3. видимо
4. мол
5. на (*свое*) счастье
6. в свою очередь
7. во-первых
8. во-вторых
9. в-третьих
10. кстати
11. к счастью
12. вероятно

III. К данным существительным подберите все возможные имена прилагательные.
голос
разговор
лицо
тишина

IV. Объясните следующие фразы:
1. Все дело просто в том, что пошаливают нервы.
2. Александр знал толк в женской красоте.
3. В природе нет совершенных человеческих созданий.

4. Теперь за стеной такая могильная тишина, что ломит в ушах.

5. Приходится выпроваживать таких гостей.

6. Она верила в целительную силу трав, и ничего, кроме жизни мужа, ее не волновало, что будет, то будет.

7. Санитарка, узнав его, густо покраснела, резко опустила голову и быстренько пошла обратно.

8. На женщину с ребенком налетела целая компания людей с цветами.

V. Рассказ «За стеной» Людмилы Петрушевской начинается словами *один человек, нашему больному, наш выздоравливающий, больной, наш болящий, наш больной (его звали Александр).* Далее в тексте фигурирует имя Александр. Объясните, с какой целью был использован этот художественный прием.

VI. Прочитайте диалог двух санитарок. Что можно сказать об их качествах и образовательном уровне по репликам? Обратите внимание на реплики автора, объясните авторскую позицию.

VII. Составьте микротекст, включив в повествование одну из предложенных фраз.

1. Слышимость была прекрасная.
2. Болезнь остановила его на пути к большому богатству.
3. Начались долгие дни в больнице.

VIII. Самостоятельная организация семинара по переводу с китайского на русский.

Примечание: данное задание выполняется самими учащимися или под руководством преподавателя. В задании даются опорные слова, словосочетания или выражения. Учащиеся составляют фразы или микротексты на китайском языке, после чего проводится семинар или специальные групповые практические занятия по переводу с китайского на русский язык. Ниже даны опорные слова по группам А и Б соответственно определенной тематике.

А:

据观察 (по чьим наблюдениям)

不好意思抱怨 (стесняться жаловаться)

隔壁的谈话昼夜不休 (ни днем ни ночью не прекращался за стеной разговор)

俄语 8

病房的门始终关着 (дверь в палату всегда была заперта)
病人康复得很慢 (больной выздоравливал медленно)
再也躺不下去 (не в силах больше лежать)
不安地来回走动 (беспокойно ходить взад и вперед)
把接送病人的推床推进病房 (завезли пустую каталку в палату)

Б:
生命垂危 (быть при смерти)
人事不省 (без сознания)
心脏出了毛病 (барахлило сердце)
打针 (сделать укол)
由于心脏剧痛而醒 (проснуться от резкой боли в сердце)
叫救护车 (вызвать скорую помощь)
送进抢救室（重症监护室）(положить в реанимацию)

Урок 10

 Не верьте мифам о ваших эмоциях!

«Человек разумный», «я мыслю, следовательно, существую»... Определяя себя через разум, мы не решаемся доверять своим чувствам. Напрасно, уверена экзистенциальный психотерапевт Светлана Кривцова: эмоции — часть человеческой природы. И мы многое выигрываем, когда перестаем пренебрегать ими и понимать их превратно.

Светлана Кривцова — основатель и научный руководитель одной из первых в России психологических служб — Межрегионального центра социально-психологической адаптации «Генезис», автор нескольких книг, в том числе «Как найти согласие с собой и миром» (Генезис, 2004).

Текст 1

Миф первый

«Эмоции — незначительный и досадный атавизм, пришедший из тех времен, когда человек еще не обрел разум».

Аргументы «за»: Ясный ум и уверенность в себе — об этом мечтают многие наши деятельные и успешные современники. Не обращать внимание на эмоции — это стиль их жизни. Но в какой-то момент привычные (рациональные) схемы дают сбой, перестают работать: «почему-то» уходит жена (муж), чужими становятся дети, обижаются и исчезают друзья, работа, в которой был смысл, и достижения, ради которых столько сделано, больше не удовлетворяет. Появляется смутное ощущение, что какое-то важное измерение жизни остается недоступным, кажется, что упускаешь что-то важное, но что — понять и ощутить не получается... В такой ситуации трудно достичь внутренней гармонии, к ней просто нет подступов, ведь успех и достижения ведут лишь к переживанию самодовольства и

гордости, а два этих чувства — «холодные». Новые переживания так поражают и озадачивают, что человек нередко начинает искать профессиональной психологической помощи.

На самом деле эмоции пронизывают каждый момент нашей жизни. Утренний настрой, с которым мы выходим из дому, эмоциональная память о вчерашних разговорах и вечерних встречах, неожиданно накатывающее чувство при взгляде в окно, даже интенсивная сосредоточенная работа — все это связано с нашими чувствами. Только в них содержится мотивирующая нас сила (ни в мыслях, ни в образах ее нет). Почему я сегодня утром встал с постели? Меня подняло чувство долга, или волнение перед будущей встречей, или запах кофе... что-то затронуло меня. В этой способности быть затронутым кроется секрет всех наших желаний. Можно сказать так: пока мы не потеряли чувствительность и можем приходить в созвучие, в резонанс с чем-то, мы живы. «Что остается от сказки потом, после того как ее рассказали?» — спрашивал в песне Высоцкий. Действительно, что остается от жизни? Что осталось от жизни самого Высоцкого? От прослушанных песен? Что от недавнего отпуска? От встречи? Только переживания, неповторимый индивидуальный чувственный след. И вот в конце жизни старики перебирают не сберкнижки и не накопленное добро, а эти сокровища души, рассказывая трогательные истории о дружбе, детях, справедливости, отношениях, о своих любовях... Зачем они это делают? Эмоциональная память тех, кто не пренебрегал своими чувствами (даже если в сундуках ничего нет), позволяет им осознать, что жизнь состоялась, а не просто прошла. А вот жизнь, в которой не было места переживанию, — непережитая жизнь — воспринимается как непрожитая (пусть она извне выглядела как зажиточная и деятельная) и приводит в конечном итоге к отчаянию.

Текст 2

Миф второй

«Надо жить так, чтобы положительных эмоций было как можно больше, а отрицательных — как можно меньше».

Аргументы «за»: Они очевидны: радоваться лучше, чем страдать, отпуск лучше, чем сверхурочная работа, симпатичная девушка лучше, чем въедливая начальница. На эту идею работают тур-и киноиндустрия, шоу-бизнес, табачные, алкогольные и даже фармацевтические компании, торгующие антидепрессантами и нейролептиками.

Но тот, кто стремится к гедонизму, нередко попадает в зависимость — от курения, игровых автоматов, алкоголя. Избегая страданий, он начинает испытывать страх и тревогу перед трудностями в отношениях и все чаще чувствует скуку: удовольствия приедаются, и нужно постоянно увеличивать их дозы и градусы.

Но самое горькое отчаяние переживают родители подростков, которые организовали жизнь своих детей так, что те не имели ни малейшего повода для страданий, были защищены от любого дискомфорта. Они выросли не просто черствыми и неделикатными людьми, но несчастными, потерявшимися существами. Так бывает, когда в детстве у нас нет опыта страданий (мы не грустим, не сожалеем, не плачем от несправедливости или сочувствия), ведь только в печали человек получает шанс обрести близость к себе и понимание себя.

На самом деле страдание — естественная часть нашей жизни. Чем глубже мы способны страдать, тем большие глубины радости нам открываются. Если мы не боимся страдать, мы не боимся и любить. Особенно важно иметь посильную долю печалей и горестей растущей личности. Для ребенка и подростка это условие, при котором только и может сформироваться их внутренний мир — защищенная от чужих глаз область личного, субъективного пространства, где каждому хорошо и спокойно с самим собой (без телевизора и телефона). Только в печали мы находим самую глубокую точку отношений со своей жизнью: после утраты (предательства, потери) могу ли я все еще любить жизнь?

Умение радоваться и наслаждаться передается детям от рождения — умению страдать их нужно учить, не демонстрируя свой страх перед переживанием горя, сохраняя собственное достоинство.

Текст 3

Миф третий

«Чувствам доверять нельзя».

Аргументы «за»: Многие из тех, кто живет с такой установкой, имеют на нее моральное право: она выстрадана ими. Уверенность в том, что твои переживания бессмысленны, впервые возникает в детстве: никто никогда не учитывает чувства такого ребенка, не уважает их, не понимает. И постепенно он сам перестает понимать себя. А поскольку чувства и эмоции не исчезают, они начинают жить собственной неуправляемой жизнью и становятся причиной неожиданных поступков, внезапных аффектов. И человек начинает опасаться себя и еще больше избегает разговоров о чувствах — доверять им теперь уже опасно. И он

отдается работе, не понимая по большому счету, чего на самом деле хочет, что ему действительно нравится, а что — лишь минутный каприз. Это нелегкая и часто очень конфликтная жизнь.

На самом деле чувства всегда говорят правду. Экзистенциальные психологи считают их еще одним органом восприятия. И так же, как глаза воспринимают свет, а уши — звуки, чувства воспринимают то, что в данной ситуации для нас на самом деле жизненно важно. Именно это и трогает нас. Трудность в том, чтобы различать чувства, говорящие о нас, от тех, что говорят о ситуации: то, что я чувствую сейчас, касается данной ситуации или связано с моим прежним опытом — что-то вспомнилось, отозвалось, заболело?.. Тот, кто умеет различать эти два типа чувств — «чувства про меня» и «чувства про ситуацию», — может смело доверять своим впечатлениям. Интуитивно точны те, кто тренирует способность игнорировать переживания, которые к данной ситуации отношения не имеют. Например, мы можем отказываться от поездки зимой на горнолыжный курорт, говоря себе: «Я буду глупо выглядеть на склоне, ведь я катаюсь хуже всех в нашей компании». Чувство страха, боязнь оказаться хуже всех — переживания, скорее всего, привычные. Понимая это, стоит спросить себя: разве я еду для того, чтобы быть лучше всех? И окажется, что цель иная — отдохнуть, пообщаться. Но имеет ли тогда значение, кто из нас хуже, а кто лучше? Страх показаться неуспешным — это эмоция «про меня» и к ситуации отношения не имеет. Благодаря чувствам мы узнаем что-то важное о самих себе, перестаем бояться своих слабостей. И постепенно учимся лучше понимать себя.

Текст 4

Миф четвертый

«Воля управляет нашими чувствами».

Аргументы «за»: Их немало в книгах из серии ЖЗЛ... Но те из нас, кто полагается на эту философию, на самом деле вытесняют («забывают») свои чувства и вовсе не управляют ими. Их переживания становятся неосознаваемыми и поэтому опасными. Так, человек, который считал себя спокойным и даже холодным, может вдруг страстно влюбиться «не в ту» женщину, разрушить семью, наделать непоправимых ошибок. Щепетильный и опекающий вдруг становится предвзятым и несправедливым... Мягкий и понимающий превращается в агрессивного и жестокого. Так или иначе, вытесненные чувства всегда внезапно возвращаются, и мы перестаем понимать, кто мы на самом деле, под этим яростным напором снижается и даже раскалывается наша самооценка.

На самом деле мы не властны не чувствовать и не можем произвольно выбирать, затронет ли нас что-то или оставит равнодушным. Мы можем либо признавать наши чувства, либо обманывать себя, отрицая очевидное. Нельзя влюбиться по поручению, как и разлюбить, просто приняв решение. Нельзя навязать нам что-то как вкусное, сексуальное или красивое, если мы сами не почувствуем это именно так. Чувства нельзя покорить с помощью воли, их можно лишь поглотить другими, более сильными чувствами, идущими из самой сердцевины нашего существа. Неожиданная влюбленность через какое-то время бледнеет перед глубокими чувствами к семье, но иногда бывает наоборот, и это заставляет нас посмотреть в свою глубину: кто мы, чего хотим, без чего не можем жить? Сущностные чувства встречаются с ситуативными впечатлениями, а затем оказываются перед лицом совести. А совесть — это особое глубокое чутье на правильное, способное удивительно точно понимать наши чувства. Увы, воля часто пытается управлять и нашей совестью, хоть это и бесполезно...

«Это меня взволновало»

Каким было ваше самое сильное переживание за последнее время? Этот простой вопрос заставляет задуматься: удивление, радость, уныние, облегчение? Вот что ответили нам на улицах прохожие.

Расставание
Андрей, 21 год, студент

«Мы расстались, но она по-прежнему самый близкий для меня человек. Когда мы случайно встречаемся, я чувствую радость, потому что только с ней могу быть настоящим. И волнение, потому что я не знаю, как она ко мне относится... Скажу больше: я боюсь это узнать!»

Сигарета
Светлана, 27 лет, секретарь

«Ненавижу. Как же я ненавижу, когда идущий впереди меня человек курит! Ну пожалуйста, перестаньте дымить мне в лицо. Не понимаю, неужели нельзя выкурить эту чертову сигарету, остановившись и постояв в стороне от людей?»

Чужая любовь
Владимир, 52 года, менеджер

«В июне посетил музей Сальвадора Дали в Испании. Может быть, это покажется странным, но больше меня озадачили даже не картины, а история взаимоотношений гения с женой Галой: я был поражен душевной силой этой женщины!»

Рождение ребенка
Григорий, 38 лет, преподаватель

«Я отвез жену в роддом и пошел на работу. И вдруг прямо на семинаре приходит SMS, а там всего одно слово: Родила. Меня всего обожгло; я то ли ахнул, то ли вскрикнул, выскочил из-за стола, уронив стул, и полетел к выходу. В тот день студенты меня так и не дождались!»

Остров
Надежда, 39 лет, директор

«Легкость, радость, безмятежность — вот чувства, с которыми я прожила все десять дней на Валааме. И я очень рада, что эти ощущения не покинули меня, когда я вернулась домой: чувствую, что могу свернуть горы, а впереди меня ждут только добро и счастье».

Шаг в будущее
Анна, 22 года, менеджер

«Я буквально прыгала от счастья, когда получила свой диплом. Но восторг и радость сменились непонятной печалью: мой кораблик отправляется в дальнее плаванье навстречу штилю, ветру, штормам... И мне так захотелось вернуться в студенческое прошлое!»

Новая работа
Максим, 26 лет, дизайнер

«Недавно устроился на новую работу. Шел утром, и было как-то не по себе, в какой-то момент даже захотелось вернуться домой. Но волнение оказалось напрасным: люди здесь доброжелательные, легко идут на контакт. Я очень рад, что меня приняли!»

УРОК 10

Память детства

Марина, 39 лет, флорист

«Этим летом мы с дочерью попали в американский Диснейленд... И я вновь испытала, казалось, давно забытое чувство восторга, смешанного с удивлением и радостью! Я чувствовала себя ребенком и смотрела на все происходящее широко открытыми глазами!»

Встреча после разлуки

Полина, 30 лет, начальник отдела

«Я встретилась со своей школьной подругой — мы увиделись впервые за 15 лет. Я волновалась: как все получится? Но ничего не изменилось: мы так же понимаем друг друга, нам так же легко и весело. Вот уже несколько дней я чувствую себя абсолютно счастливой».

Грубость

Ирина, 37 лет, продавец

«Я была поражена, услышав разговор знакомой с ее ребенком. Я тоже мать и тоже не всегда выдерживаю... Но чтобы так грубо, зло... Мне захотелось броситься к маме и объяснить ей, что так нельзя... И одновременно я ощутила усталость и какую-то безнадежность».

Позиция отца

Катя, 38 лет, переводчик

«Меня раздражает и удивляет то, что мой отец отказывается понимать очевидные вещи. Он закрыт от меня и верит только тому, что написано в газетах! Мое раздражение настолько велико, что я не сдерживаюсь — кровь приливает к голове, волосы горят!»

Комментарии

1. **Экзистенциальный** — связанный с бытием, существованием человека.
2. **Психотерапевт** — врач, который лечит посредством психического воздействия на больного.
3. **Превратно** — извращающий истину, ложно, искаженно.
4. **Адаптация** — процесс привыкания, приспособления органов чувств и организма

в целом к новым, изменившимся условиям существования.

5. **Атавизм** — появление у человека, животных или растений признаков, свойственных их отдаленным предкам.
6. **Мотивирующая нас сила** — побудительная причина, основание, повод к какому-л. действию, поступку.
7. **Приходить в созвучие, в резонанс** — приходить в согласованность, гармонию, слышать отзвук, отголосок.
8. **Антидепрессанты** — могут способствовать облегчению проявлений тревоги и депрессии.
9. **Нейролептики** — одна из их основных фармакологических особенностей — своеобразное успокаивающее действие, сопровождающееся уменьшением реакций на внешние стимулы.
10. **Гедонизм** — направление в этике, признающее наслаждение высшим благом, целью жизни; стремление к удовольствиям, наслаждениям.
11. **Удовольствия приедаются и нужно постоянно увеличивать их дозы и градусы** — удовольствия утрачивают привлекательность, надоедают, и надо увеличивать их количество и крепость.
12. **Аффект** — состояние кратковременного сильного нервного возбуждения (обычно с потерей самоконтроля).
13. **Серия ЖЗЛ** — серия книг «Жизнь замечательных людей».
14. **Мы не властны не чувствовать** — мы не можем не чувствовать.

Задания

I. Ответьте на вопросы по тексту.
   1. Что такое эмоции?
   2. О чем мечтают многие успешные современники?
   3. Что происходит в какой-то момент, вынуждая искать профессиональной психологической помощи?
   4. Что же на самом деле эмоции для любого человека?
   5. Что, на ваш взгляд, лучше: эмоциональная память или непережитая жизнь, жизнь без эмоций?
   6. Надо ли жить так, чтобы положительных эмоций было как можно больше?
   7. Что такое страдания? Надо ли бояться страдать?
   8. Можно ли доверять чувствам?

УРОК 10

9. Может ли воля управлять нашими чувствами?

II. Вы прочитали высказывания разных людей, ответивших на вопрос: «Каким было ваше самое сильное переживание за последнее время?» Постарайтесь и вы ответить на этот вопрос.

III. Составьте синонимические ряды данных слов.

чувства, эмоции
разум, ум
самодовольство, гордость
настрой, настроение
добро, сокровище
созвучие, гармония
утрата, потеря, ущерб
демонстрировать, показывать
страх, боязнь

IV. Докончите следующие фразы:

1. Эмоции —— ...
2. Ясный ум и уверенность в себе —— ...
3. Такие люди нередко попадают в зависимость —— ...
4. Страдание —— ...
5. Умение радоваться и наслаждаться передается детям от рождения —— ...
6. Цель наша совсем другая —— ...
7. Совесть —— ...
8. Тоска, скука, одиночество —— ...

V. Объясните данные фразы.

1. И мы многое выигрываем, когда перестаем пренебрегать ими и понимать их превратно.
2. Но в какой-то момент привычные (рациональные) схемы дают сбой, перестают работать.
3. Особенно важно иметь посильную долю печалей и горестей растущей личности.
4. Их переживания становятся неосознаваемыми и поэтому опасными.
5. Меня всего обожгло; я то ли ахнул, то ли вскрикнул, выскочил из-за стола, уронив стул, и полетел к выходу.

6. Чувствую, что могу свернуть горы, а впереди меня ждут только добро и счастье.

7. Мой кораблик отправляется в дальнее плаванье навстречу штилю, Ветру, штормам...

8. Он закрыт от меня и верит только тому, что написано в газетах!

VI. В тексте даны вставные конструкции. Для чего их использует автор? Каково их назначение? Например:

1. Эмоциональная память тех, кто не пренебрегал своими чувствами (*даже если в сундуках ничего нет*), позволяет им осознать, что жизнь состоялась, а не просто прошла.

2. А вот жизнь, в которой не было место переживанию, — непережитая жизнь — воспринимается как непрожитая (*пусть она извне выглядела как зажиточная и деятельная*) и приводит в конечном итоге к отчаянию.

Найдите другие вставные конструкции.

VII. Прочитайте следующие фразы и выскажите свое мнение, что надо делать в таких ситуациях?

1. Жена уходит от мужа.
2. Муж уходит от жены.
3. Дети отдаляются от родителей, становятся чужими.
4. Работа больше не удовлетворяет.
5. Начинаешь испытывать страх и тревогу перед трудностями.

VIII. Составьте микротексты, используя в них следующие фразы.

1. Я прыгал(а) от счастья, когда узнал(а) об этом.
2. Волнение оказалось напрасным.
3. Жену отвезли в роддом.
4. Впереди меня ждут только добро и счастье.
5. Мы смотрели на все происходящее широко открытыми глазами.
6. Меня это раздражает и удивляет.
7. Мы расстались, но она по-прежнему самый близкий для меня человек.
8. Только в печали человек получает шанс обрести понимание себя.

IX. Напишите сочинение на тему «Шаг в будущее».

普通高等教育"十一五"国家级规划教材

《俄语》（全新版）（1—8册）学生用书/教师用书

黑龙江大学俄语学院 编
总主编：邓军 郝斌 赵为

《俄语》（全新版）在充分领会新教学大纲的基础上，以最新的外语教学理论为指导，在编写理念、选取素材、结构设计等方面都力求体现和满足俄语专业最新的教学要求，集多种教学模式和教学手段为一体，顺应社会和时代的发展潮流，突出素质教育思想，注重教授语言知识与培养言语技能的有机结合。

- 采用低起点教学原则，从语音导论开始，到最后篇章研修结束。编写主线以语法为纲，酌情引入不同专题内容。低年级阶段以教学语法为基础，高年级阶段以功能语法为纲，以适合俄语专业基础阶段和提高阶段的使用。
- 力求反映出21世纪俄罗斯风貌和当今时代俄语最新变化。紧密联系中国国情，结合教学实际；注重日常生活交际，突出实用性。
- 保障常用词汇数量，保障典型句式数量。教材内容贴近生活、贴近现实，学生可以通过本套教材的学习，了解俄罗斯人的生活习俗、行为方式、思想方法以及人际交流模式。

《俄语》（全新版）共分为八册，包括学生用书、教师用书、配套光盘、电子课件等相关配套出版物。

书号 978-7-301	书名	定价
13647	俄语（全新版）(1)学生用书(配有光盘)	28.00
13837	俄语（全新版）(2)学生用书(配有光盘)	28.00
14513	俄语（全新版）(3)学生用书(配有光盘)	28.00
16758	俄语（全新版）(4)学生用书(配有光盘)	32.00
17733	俄语（全新版）(5)	25.00
	俄语（全新版）(6)	
17734	俄语（全新版）(7)	20.00
18942	俄语（全新版）(8)	20.00

书号 978-7-301	书名	定价
14104	俄语（全新版）(1)教师用书	28.00
14354	俄语（全新版）(2)教师用书	28.00
15436	俄语（全新版）(3)教师用书	20.00
16759	俄语（全新版）(4)教师用书	20.00

为了获得更好的教学效果
特向使用本教材的教师赠送配套电子课件

21世纪大学俄语系列教材

编委会（以汉语拼音为序）
丛亚平　山东大学
刘利民　首都师范大学
苗幽燕　吉林大学
史铁强　北京外国语大学
孙玉华　大连外国语学院
王加兴　南京大学
王铭玉　黑龙江大学
王س军　解放军外国语学院
王仰正　浙江大学
夏忠宪　北京师范大学
杨　杰　厦门大学
张　冰　北京大学出版社
张　杰　南京师范大学
查晓燕　北京大学
赵　红　西安外国语大学
赵爱国　苏州大学
赵秋野　哈尔滨师范大学
郑体武　上海外国语大学

《俄语视听说基础教程》（1—3册）
总主编：孙玉华

本套教材共三册，包括学生用书、多媒体教学光盘、教学指导电子课件等相关配套出版物。其中第一册供一年级下学期使用，二、三册分别供二年级上、下学期使用。本套教材具有以下几个方面特点：

- 视、听、说密切结合，激发学生学习兴趣
- 模拟真实语言环境，培养学生跨文化交际能力
- 穿插图表、照片于教材中，突出教学内容直观性
- 依托经典俄罗斯歌曲，强化学生的国情知识能力
- 练习形式多种多样，靶向训练学生听力技能
- 编写理念贴近原版教材，促进学生形成俄语语言个性
- 配有四级考试题型，方便学生课后自主复习
- 根据学生的语言水平，量身定做情景教学片

本教材每一课课后配有人机对话练习、听力理解练习、听写等内容，帮助学生课后自主复习，顺利通过俄语专业四级考试。教材形式多样的音频和视频教学材料既适用于高等学校俄语专业本科生视听说课、泛读课、语言国情课使用，也可供非俄语专业本科生听力教学及俄语学习者自学使用。

书号978-7-301	书名	定价
16719	俄语视听说基础教程（1）	32.00
	俄语视听说基础教程（2）	
	俄语视听说基础教程（3）	

为了获得更好的教学效果，特向使用本教材的教师赠送配套电子课件和原创情景教学片DVD光盘

学术的尊严　精神的魅力

书号978-7-301	书名	作者	定价
14059	俄语语法	张会森	35.00
14934	俄语口语及常用口语句式	张会森	25.00
15755	俄语应用文写作	周海燕	29.80
15926	俄语泛读（上）	徐晓荷	18.00
16606	俄语泛读（中）	徐晓荷	28.00
16283	俄语泛读（下）	徐晓荷	32.00
18463	俄语贸易实务	胡延新	33.00
09385	俄语基础语法与练习	王润华	16.00
04425	俄语学习背景知识（第二版）	王辛夷 褚敏	22.00
06450	俄罗斯文学史（俄文版）	任光宣等	29.80
04499	20世纪俄罗斯文学史	李毓榛	25.00
10838	20世纪俄罗斯文学思潮	黎皓智	58.00
12296	北京俄语导游指南	库里科夫	35.00
06581	独联体国家文化国情（附：波罗的海三国）	李明滨	19.80
05557	俄语情景会话	隋 然	16.00
11120	文学学导论	〔俄〕哈利泽夫	42.00
06182	旅游俄语	Rauch	14.00
07815	活用俄语句型会话（初级）	宋云森	15.00
07816	活用俄语句型会话（中级）	宋云森	15.00
07817	活用俄语句型会话（高级）	宋云森	15.00
07808	俄罗斯文学名著选读（上）	张建华等	32.00
07809	俄罗斯文学名著选读（下）	张建华等	48.00
12808	俄国文学史（上）(下)	曹靖华	39.80
07813	商务交际俄语	张金兰 史铁强等	35.00
14153	俄罗斯文化阅读	李向东	25.00
10904	俄罗斯文学简史	任光宣	38.00
13359	俄罗斯心理语言学与外语教学	许高渝等	48.00
16581	俄语教学过程优化	李国辰	32.00
17033	俄汉对比与俄语学习	赵陵生 王辛夷	38.00
09692	俄语的数、数词和数量词研究	左少兴	36.00
18678	词汇与言语－俄语词汇学与文艺学的联姻	凌建侯	35.00

俄语四、八级考试必备系列
主编　王铭玉

即将出版

俄语专业四级统测指南与模拟训练（听力、口语、国情知识）
俄语专业四级统测指南与模拟训练（词汇、语法、阅读、写作）
俄语专业八级统测指南与模拟训练（听力、口语、国情知识）
俄语专业八级统测指南与模拟训练（词汇、语法、阅读、写作）
俄语专业八级统测听力训练

您可登录：北京大学出版社www.pup.cn查看具体信息
地　　址：北京市海淀区成府路205号
　　　　　北京大学出版社外语编辑部
邮　　编：100871

E-mail： zbing@pup.pku.edu.cn
　　　　 lizhe0829@gmail.com
电　话：010-62754149 / 010-62759634
传　真：010-62556201